Vollständig überarbeitete Miniausgabe
des ebenfalls im Verlag W. Hölker
erschienenen Titels
„Das Kochbuch aus der Schweiz“

5 4 3 2 1
ISBN 3-88117-602-0
Gestaltung: Niels Bonnemeier
Redaktion: Gabriele Heßmann, Monika Römer

Printed in Italy

Hanns U. Christen

Das kleine Kochbuch aus der Schweiz

Hölker Verlag

Inhalt

Einführung

Klug wie er ist, gab der Verleger diesem Buch nicht den Titel „Das kleine Kochbuch der Schweizer Küche". Er nannte es vielmehr weise „Das kleine Kochbuch aus der Schweiz". Eine allgemeine Schweizer Küche gibt es nämlich überhaupt nicht – und wie sollte man ein Buch über etwas schreiben, das nicht existiert?

Die Schweiz erfreut sich zwar einer weltberühmten, hohen Ansprüchen genügenden Gastronomie samt dem zugehörigen vorbildlichen Service. Ausnahmen sind selten und bestätigen die Regel. Es gibt aber keine einheitliche Küche, und das hat viele Gründe, zunächst politische: Die Schweiz ist umringt von fünf Ländern, von der Bundesrepublik Deutschland, von Liechtenstein, Österreich, Italien und Frankreich. In den Nachbargebieten Badens isst man anders als im Elsass, im französischen Juragebiet anders als in Savoyen, in

Oberitalien, nahe dem Tessin, anders als in Südtirol in der Nähe des Engadins. Dann sind geografische Gründe zu nennen: Die Alpen und der Jura teilen die Schweiz in Gebiete, die sich in Landschaft, Boden und Klima stark voneinander unterscheiden. Und schließlich muss man noch sprachliche Gründe anführen: Den vier Sprachen, die in der Schweiz gesprochen werden, entsprechen nämlich auch verschiedene Mentalitäten in der jeweiligen Bevölkerung.

Hinzu kommen die „kleinen" Unterschiede, die in der Schweiz ungemein stark ausgeprägt sind. Sie zeigen sich nicht nur darin, dass nahezu alle paar Kilometer eine andere Art Sprache gesprochen wird – sie blühen auch schönstens in einer Unzahl weiterer kleiner, aber ungeheuer wichtiger Feinheiten. Diese Unterschiede überlagern sich mit denjenigen zwischen den Städten und den ländlichen Gebieten. Und das alles wirkt sich auf die Küche und auf die Essgewohnheiten aus.

Überdies war die Schweiz jahrhundertelang ein armes Land, das seine eigene Bevölkerung nicht zu ernähren vermochte, weshalb große Scharen von Schweizern als Wirtschaftsflüchtlinge auswanderten und – falls sie zurückkamen – Rezepte und Gewohnheiten mit nach Hause brachten. Und als die Schweiz ihre Grenzen für Ausländer öffnete, die aus religiösen oder politischen Gründen verfolgt wurden und genug Geld mitbrachten, kamen erneut kulinarische Impulse hinzu.

Kurzum: Auf der ganzen Welt existiert kein zweites Land, in dem so viele verschiedenartige Einflüsse auf die Küche und auf die Tafelsitten eingewirkt hätten wie in der Schweiz.

Aus den genannten Gründen waren in der Schweiz die verschiedensten Zutaten und Gerichte schon zu Zeiten heimisch, als man rings herum noch nicht einmal deren Namen kannte: In der Schweizer Küche waren Tomaten verbreitet, als man andernorts noch des Glaubens war, sie seien giftig oder zumindest Erreger unkeuscher Gedanken. Als man in Baden noch ganze Schulklassen zu einem Maisfeld führte, um den Schülern diese exotische Pflanze vorzuführen, hatte der Mais im Tessin längst den vorher üblichen Buchweizen in der Polenta verdrängt. Gar nicht zu reden vom Käse und von der Milchschokolade, die bereits im letzten Jahrhundert wichtige Exportprodukte der Schweiz waren und erst recht spät auch im Ausland nachgeahmt wurden – mit sehr unterschiedlichem Erfolg. In der Schweiz entwickelten sich durch all dies die Küchen fort, was zu einem überdurchschnittlichen kulinarischen Verständnis der Bevölkerung führte.

Wenn man Rezepte aus Schweizer Küchen schreiben will, kann man sich an die politischen Grenzen halten: an die Kantone. Sie beginnen mit Aa(rgau) und enden mit Zü(rich). In politischen Belangen sind die Kantone der Schweiz sehr, sehr selbständig und eigenwillig. In der Küche sind sie es allerdings viel weniger. Das kommt selbstverständlich daher, dass die politischen Grenzen der Kantone keine „menschlichen“ Grenzen sind, weshalb in der Schweiz munter über sie hinweg geheiratet wird – und das verwischt die Grenzen der Küchenpraktiken. Nicht einmal die gewichtigen Unterteilungen des Landes nach Sprachen trennen die

Kochgewohnheiten noch voneinander. Vor einer Generation noch musste man Restaurants mit dem Namen „Bündnerstube“ aufsuchen, wenn man in Basel eine typische Bündner Gerstensuppe essen wollte, und in Zürich existierten spezielle Wirtschaften, die das Fondue als exotische Spezialität vom Genfersee servierten. Das ist seither völlig anders geworden. Man isst nahezu alles überall in der Schweiz.

Viele der Gerichte erinnern jedoch noch sehr an die Gegenden, aus denen sie stammen. Denn auch in der Schweiz war es früher ja so: Man aß, was man hatte, und das bezog man aus dem eigenen Garten, aus dem Laden an der Ecke oder vom Markt, auf dem die Bauern der Nachbarschaft ihre Erzeugnisse feilboten. Man aß, was in der eigenen engsten Umgebung wuchs. Dies führte zwangsläufig dazu, dass jede Gegend andere Produkte verwendete – und die erforderten natürlich auch andere Rezepte. Wenn man früher durch die Schweiz reiste, bekam man alle paar Kilometer andere Volksgerichte vorgesetzt. Viele der Rezepte haben sich erhalten und gelten inzwischen als regionale Spezialitäten, aber zubereitet werden sie eigentlich überall. Nur sehr wenige Erzeugnisse sind heute nicht im ganzen Land erhältlich. Am ehesten betrifft das vielleicht noch die vielen Käsesorten, die hier und dort von lokalen Käsern hergestellt werden und zu geringe Quantitäten ergeben, als dass sich ihr Versand in andere Landesteile lohnen würde.

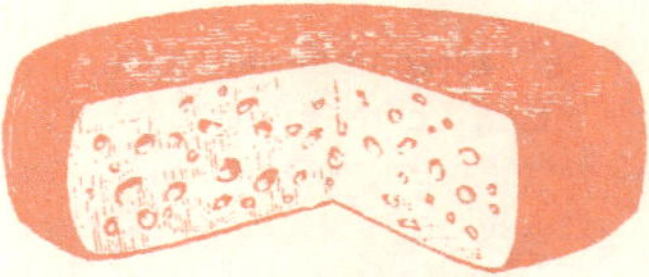

„Das kleine Kochbuch aus der Schweiz" ist mehr als eine Rezeptsammlung, denn solche gibt es in großer Zahl – wieso also noch eine dieser Art schreiben? Was das Buch Ihnen geben möchte, ist eine Auswahl von typisch schweizerischen Rezepten aus den verschiedenen Landesteilen. Und wo es notwendig ist, bekommen Sie auch noch allerlei Informationen zum Ursprung, der Geschichte etc. mitgeliefert.
Gerade einfache Speisen, wie sie in einem Kochbuch aus der Schweiz vorkommen, verlangen beste Grundprodukte und Zutaten. Wenn Sie gewohnt sind, das Billigste einzukaufen, werden Sie an schweizerischen Rezepten nicht viel Freude haben. Speisen, an denen nicht viel herumgewürzt wird, erfordern Zutaten mit kräftigem, vollem Eigengeschmack. Und die sind heute

immer seltener zu finden, aber das Suchen nach ihnen lohnt sich. Man hat vieles aus den verschiedensten Gründen durch Industrieprodukte ersetzt, die naturgemäß einen möglichst gleichmäßigen Geschmack haben müssen, der allen behagen soll. Verzichten Sie bitte auf diese Standardprodukte! Verwenden Sie stattdessen Naturprodukte von Erzeugern, die nicht auf die Menge ihrer Produktion sehen, sondern allein auf deren Qualität.

Sie finden in den verschiedenen Kapiteln auch Hinweise auf Schweizer Weine. In der Schweiz sind Weine kein Luxus, sie gehören zu jedem Essen. Und zwar nicht als Durstlöscher, sondern als Ergänzung des Geschmacks. Es wird auch oft mit Wein gekocht, ja einige der wichtigsten Gerichte sind ohne Wein gar nicht zuzubereiten.
Wenn ich in einem Rezept Wein als Zutat nenne, so bitte ich Sie, ihn nicht wegzulassen. Selbst Abstinente können mit Wein kochen: Sobald er über 80 °C erhitzt wird, verdampft sein gesamter Alkohol. Zurück bleibt aber das Aroma des Weins, das für das Gericht notwendig ist. Es kann sein, dass Sie bereits andere Kochbücher mit Rezepten aus der Schweiz besitzen. Wundern Sie sich bitte nicht, wenn deren Angaben nicht haargenau denen in diesem Buch entsprechen! Rezepte von Schweizer Spezialitäten sind meistens Großmutterrezepte – und Großmütter sind zum Glück sehr, sehr verschieden …

Käse – ein Mädchen für alles

Die Schweiz gehört zu den führenden Käse produzierenden Ländern der Welt. Berühmt ist sie vor allem für ihre Hartkäse: Emmentaler, Greyerzer (Gruyère) und Sbrinz. Aber auch einige Halbhartkäse gelingen in der Schweiz besser als irgendwo sonst auf der Welt. Musterbeispiele sind der Appenzeller Käse, der auf viele Jahrhunderte ungebrochener Tradition zurückblicken kann, oder die verschiedenen Raclettekäse.
Was die Schweizer Hartkäse von den meisten ähnlichen ausländischen Produkten unterscheidet, ist die Art der Herstellung. Sie werden nämlich nach wie vor nicht in großen Fabriken möglichst einheitlich produziert, sondern in kleinen handwerklichen Betrieben: in Dorfkäsereien.
Wer im Ausland Schweizer Käse kaufen möchte, der tatsächlich aus der Schweiz stammt und schweizerischen Ansprüchen genügt, muss darauf achten, dass der Käse den Vermerk „Switzerland" trägt.

Fondue

Die bemerkenswerteste aller Speisen in der Schweiz heißt „Fondue", was auf Französisch „das Geschmolzene" bedeutet – und was alle in den letzten Jahren aufgetauchten Gerichte, die sich auch Fondues nennen, eindeutig als „Fälschung" entlarvt: Fondue Bourguignonne, Fondue Chinoise, Fondue Baccus – und wie sie noch heißen mögen. Was sie mit dem echten Fondue gemeinsam haben, ist nur das: Man isst sie aus einem Topf, der auf einem kleinen Kocher steht, und jeder tunkt irgend etwas Passendes hinein.
Was ist am Fondue so bemerkenswert? In der Schweiz betrachtet man es heute als eine kulinarische Auswirkung der volksverbundenen Demokratie und des fehlenden Standesunterschieds. Und das, obwohl es in der deutschsprachigen Schweiz erst seit knapp einer Generation weit verbreitet ist.
Ein richtiges Fondue besteht aus ganz einfachen Dingen: aus trockenem Weißwein, Schweizer Hart- und Halbhartkäsen, Knoblauch, Pfeffer, Maismehl und Kirschwasser. Der Wein muss eine ansehnliche Säure aufweisen, sonst funktioniert das Fondue nicht. Ist er zu mild, muss man Zitrone (auf 4 Portionen den Saft von 1/2 Frucht) zugeben.
Was Sie noch brauchen? Einen kleinen Spiritus- oder Gasbrenner (franz. Rechaud) mit regulierbarer Flamme, einen flachen Stieltopf aus glasierter Keramik oder dickem, ebenfalls glasiertem Gusseisen. In der Schweiz nennt man ihn „Fonduepfanne", auf Französisch heißt er „caquelon".

Grundzubereitung

Zuerst den Caquelon mit einer angeschnittenen Knoblauchzehe ausreiben. Bevor Sie mit der Zubereitung des Fondues beginnen, verrühren Sie in einem Likörglas 1 gestrichenen (!) Teelöffel Maismehl mit etwas Kirschwasser. Dann den Wein in den Caquelon füllen, den Käse in den kalten Wein einrühren, auf dem Spirituskocher am Tisch oder auf dem Herd langsam erhitzen und zum Kochen bringen. Ununterbrochen RÜHREN, sonst bildet der Käse dicke Klumpen! Sobald Käse und Wein unter ständigem Rühren zu einer homogenen Masse geschmolzen sind und zu kochen beginnen, den Inhalt des Gläschens rasch einrühren. Und zum Schluss wird das Fondue mit grobem schwarzem Pfeffer übermahlen.

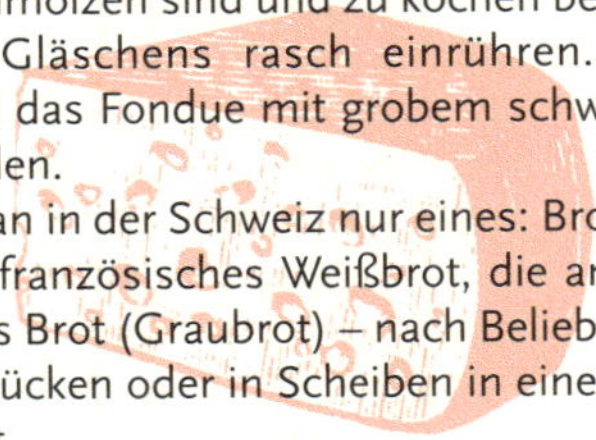

Dazu isst man in der Schweiz nur eines: Brot. Die einen bevorzugen französisches Weißbrot, die anderen wählen dunkleres Brot (Graubrot) – nach Belieben in mundgerechten Stücken oder in Scheiben in einem Brotkörbchen serviert.

Wie isst man Fondue? Alle um den Tisch Versammelten spießen ihr Brotbröckchen auf eine spezielle Fonduegabel. Jeder hat die Pflicht, mit seinem Bissen im Fondue zu rühren! Wem ein Brotbrocken von der Gabel ins Fondue fällt, der/die muss dafür büßen. Als Mann zahlt er eine Flasche Wein. Als Frau muss sie jedem Mann am Tisch pro Brocken einen Kuss geben. Auch für Kinder hat sich inzwischen eine Strafe etabliert: Sie müssen pro verlorenem Brotbrocken je eine Fonduegabel waschen.

Die Kruste, die sich am Boden des Topfes bildet, schmeckt übrigens besonders würzig. Am besten löst man sie gegen Ende des Fondues vorsichtig mit einer Gabel oder einem vorne abgerundeten Messer vom Boden und genießt sie mit Pfeffer aus der Mühle.
Was trinkt man dazu? Zum Fondue trinkt man Wein oder Tee: Traditionell wählt man einen trockenen Weißwein (Fendant, Dorin, Neuenburger oder einen Elsässer Sylvaner). Er sollte mit etwa 10 Grad nicht zu kühl sein. Inzwischen ist es aber auch üblich geworden, Rotwein zum Fondue zu servieren. Wichtig ist, dass er arm an Gerbstoffen ist, weil der Käse sonst schwer verdaulich wird. Aber auch Tee passt sehr gut, natürlich ungesüßt, doch etwas Milch kann nicht schaden.
Unter dem Vorwand, Fondue sei schwer verdaulich, empfehlen viele, während oder nach dem Fondue ein Gläschen Schnaps zu trinken. Nun ist aber ein Fondue keineswegs schwer verdaulich, es hat lediglich einen anhaltenden Sättigungswert, was man allerdings beim Essen nicht sofort bemerkt. Schnaps zum Verdauen ist daher unnötig. Ausgenommen Kirsch: Den können Sie auch während des Essens ins Fondue rühren.
Noch ein Tipp: Füllen Sie den Topf nach dem Essen mit kaltem Wasser (nicht mit heißem!), fügen sie 1 Esslöffel flüssige Seife hinzu (keine anderen Spülmittel!) und lassen Sie ihn 1 Stunde lang stehen. Danach den Käse mit einem Topfreiniger und leicht lauwarmem Wasser grob entfernen. Reiben Sie mit Lappen, Scheuermittel und etwas handwarmem Wasser nach. Erst dann den Topf mit wärmerem Wasser und Seife endgültig säubern. Doch jetzt zu den Rezepten!

Neuenburger Fondue – klassische Art

1 Knoblauchzehe,
350–400 ml trockener Weißwein,
500 g geriebener Emmentaler,
500 g geriebener Gruyère,
frisch gemahlener Pfeffer,
2–3 cl Kirschwasser, 1 TL Kartoffelstärke,
frisch geriebene Muskatnuss

Den Fonduetopf mit der angeschnittenen Knoblauchzehe ausreiben. Den Wein eingießen, den Käse untermischen, mit Pfeffer würzen. Auf kleiner Flamme unter ständigem Rühren mit einem Holzlöffel so lange erwärmen, bis eine homogene Masse entstanden ist und zu kochen beginnt. Das mit Kirschwasser angerührte Maismehl untermischen, mit Pfeffer und Muskat abschmecken.

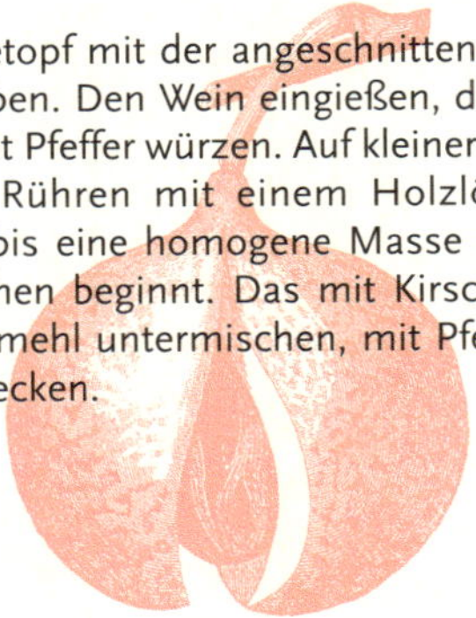

Fondue halb und halb

Die Zubereitung ist mit der des Neuenburger Fondues identisch – nur der Käse nicht. Verwenden Sie jeweils 500 Gramm Gruyère und Freiburger Vacherin (Vacherin fribourgeois). Dieser Käse aus dem Kanton Fribourg ist sehr würzig, aber leider nicht überall erhältlich.

Appenzeller Fondue

Anstelle des Weins verwendet man einen sauren Apfelwein und als Käse je 350 Gramm vollfetten Appenzeller, Emmentaler und Gruyère. Den Gruyère können Sie auch durch Freiburger Vacherin ersetzen.

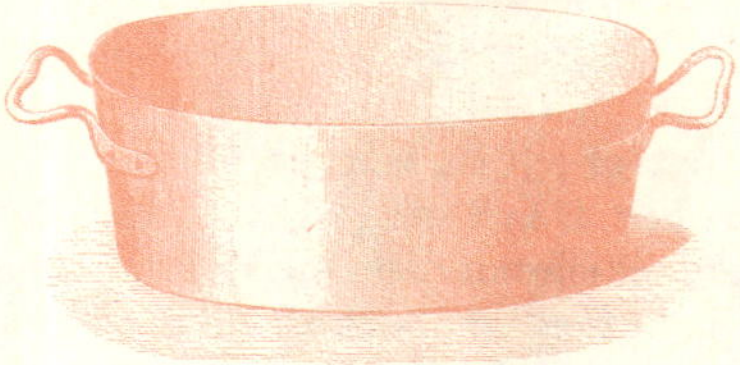

Vacherin Mont d'Or

Aus dem Vacherin Mont d'Or macht man eine andere Art Fondue mit folgenden Zutaten:

1 Knoblauchzehe, 500 ml Milch,
1 kg Vacherin Mont d'Or,
frisch gemahlener Pfeffer

Den Fonduetopf mit der angeschnittenen Knoblauchzehe ausreiben. Die Milch einfüllen, leicht erwärmen und dann portionsweise den entrindeten Vacherin Mont d'Or in Stücken unterrühren und schmelzen lassen. Vorsicht beim Aufkochen, dass die Masse nicht überschäumt! Mit Pfeffer übermahlen.

Raclette

Vor drei, vier Jahrhunderten soll einmal im Kanton Wallis ein Bauer seinem Nachbarn das Haus angezündet haben. Diese Art von Schlichtung kleiner Streitigkeiten war damals beim rauen Volke der Walliser keine Seltenheit. Der Nachbar hatte jedoch in seinem Haus ein Lager von kräftigen, ausgereiften Käsen angelegt, und als die nun in der Brandhitze schmolzen, verbreitete sich bald ein gar artiger Duft im Dorf. Alle Löschenden und Zuschauenden kamen früher oder später herbeigeeilt, strichen sich den geschmolzenen Käse aufs Brot und fanden ihn vorzüglich. So ist, der Legende nach, die Raclette entstanden.
Der Name „Raclette" deutet allerdings auf einen harmloseren Ursprung hin. Das französische Verb „racler" bedeutet „schaben", d.h. Raclette ist etwas, das man abgeschabt hat, nämlich von einem Käselaib – in einer Feuersbrunst geschmolzener Käse aber läuft von ganz allein davon. Womit wir bereits bei der Technik der Raclette angekommen wären.

Das Original

Eine richtige Raclette macht man folgendermaßen: Man baut im Freien oder in einem offenen Kamin ein gutes Holzfeuer auf und lässt es bis auf die Glut herunterbrennen. Dann halbiert man einen Laib passenden Käse und hält die Schnittfläche in die Nähe der Glut. Der Käse schmilzt, worauf das Geschmolzene mit einem Messer abgeschabt und verteilt wird. Man isst ihn in kleinen Portionen, eben so wie der Käse jeweils schmilzt, mit Pfeffer frisch übermahlen. Dazu genießt man heiße Geschwellte (Pellkartoffeln), Essiggürkchen und -zwiebeln sowie kräftiges Schwarzbrot.
Doch es gibt im Wallis noch eine zweite Art Raclette. Die wird im Ofen zubereitet und heißt „raclette au four“. Auch diese Raclette stellt keine großen Ansprüche an den Koch. Man heizt den Backofen gut vor, schiebt feuerfeste Portionsschalen mit passend geschnittenen dicken Käsescheiben hinein und lässt diese schmelzen. Die heißen Schalen werden auf Tellern serviert. Dazu gibt es die bereits genannten Beilagen. Diese Art Raclette hat den Vorteil, dass man sie einer größeren Zahl von Gästen gleichzeitig servieren kann.

Doch inzwischen hat auch die Industrie reagiert und elektrische Tisch-Racletteöfchen mit praktischen Minipfännchen entwickelt. Sie sind ein sehr guter Ersatz für den Backofen und verbrauchen zudem viel weniger Strom. Besonders pfiffige Modelle haben eine eingebaute Grillplatte, auf der man – während der Käse schmilzt – mit der gleichen Wärme Kleinigkeiten braten kann: Würstchen, Schinken, dünne Schnitzel und dergleichen. Die kann man essen, während man auf die nächste Portion Raclette wartet.
Raclette ist also eigentlich eine schlichte Speise und wäre leicht zuzubereiten, wenn da nicht das Problem wäre, den richtigen Käse zu finden. Er muss halbhart, aber vollfett sein, muss kräftig durften, würzig schmecken und bereits eine gute Reife erreicht haben. In der Schweiz, vor allem im Wallis, ist dies kein Problem, doch außerhalb dieser Grenzen schon. Gewiss, fast überall gibt es so genannte Raclettekäse. Sie kommen vorwiegend aus Frankreich oder Italien und erinnern nur rein optisch an würzigen Walliser Käse! Nützen Sie ggf. einen Aufenthalt im Wallis zum Kauf des Originals – bei einem spezialisierten Käsehändler natürlich.
Sparen Sie auch nicht mit der Menge. Nach meinen Erfahrungen sind 200 Gramm Käse pro Person das Minimum. Die sauer eingelegten Kleinigkeiten, die dazu gegessen werden, und der Pfeffer erhalten während des Essens nämlich den Appetit.
Und was trinkt man zur Raclette? Einzig und allein einen kühlen Weißwein ohne jede Süße. Am besten schmeckt Walliser Fendant (Gutedel) oder der „Johannisberger“ genannte Sylvaner aus dem Wallis.

Allerlei Käsegerichte

Käseplatte

Eine Käseplatte ist die nächsthöhere Stufe des Käsegenusses. Wie der Name schon sagt, besteht sie aus einer Platte, im Idealfall einem ebenen Holzteller, auf dem die verschiedenen Käsesorten angeboten werden. Jeder schneidet sich jeweils so viel ab, wie es ihm beliebt. Dazu gibt es frische Butter, eine Schüssel mit Geschwellten (Pellkartoffeln), mindestens zwei verschiedene Sorten Brot und passende Getränke: Milchkaffee, Rot- oder Weißwein, Apfelsaft, Apfelwein und Milch schmecken am besten.

Bei der Zusammenstellung der Käsesorten für eine Käseplatte hat man alle Freiheiten. Hier werden natürlich Schweizer Käsesorten bevorzugt. Unverzichtbar für eine gute Käseplatte sind: Emmentaler oder/und Gruyère, Appenzeller, ein Walliser Bergkäse und ein „Tomme" aus der Westschweiz. Zu diesem Grundsortiment können andere Käse nach Belieben hinzukommen. Wenn es sich um Käse mit Weiß- bzw. Blauschimmel oder um Ziegenkäse handelt, sind französische Sorten angebracht, da sie sehr gut mit den Schweizer Sorten harmonieren.
In der Schweiz gelten Käseplatten schon seit Jahren als salonfähige Mahlzeiten, die der Hausfrau zudem lange Vorbereitungszeiten ersparen.

Schweizer Käsesalat

Dieser Salat gehört zu den einfachsten, aber sehr beliebten Gerichten des Landes. Er schmeckt am besten, wenn Sie ihm 2 Stunden Zeit zum Ziehen geben.

400 g reifer Gruyère oder Emmentaler,
1 Zwiebel, Salz, frisch gemahlener Pfeffer,
1 Prise Cayennepfeffer, 1 TL mittelscharfer Senf,
2 EL Rotweinessig, 5 EL Olivenöl

Den Käse entrinden und in dünne Scheiben von der Größe eines Streichholzbriefchens schneiden. Die Zwiebel schälen und in sehr dünne Ringe schneiden. In einer Salatschüssel Salz, Pfeffer, Cayennepfeffer und Senf mit 1 Esslöffel Essig so lange verrühren, bis sich das Salz aufgelöst hat. Den restlichen Essig sowie das Öl unterrühren und 5 Minuten ziehen lassen. Käse und Zwiebel gründlich mit der Sauce vermengen, 2 Stunden ziehen lassen. Nach Belieben garnieren und mit Brot und Butter servieren. Es passen aber auch Pellkartoffeln oder Rösti dazu.

Zusätzlich können Sie dem Salat viele Zutaten beimischen: frisches, mundgerecht geschnittenes Gemüse (z.B. Paprika, Tomaten oder Radieschen), einen säuerlichen Apfel, Salz- und Gewürzgurken, hart gekochte Eier – ganz nach Belieben. Wichtig ist nur: Verwenden Sie Schweizer Käse!

Käseschnitten

Hier das Rezept für die einfachste warme Käsespeise aus der Schweiz:

4 Scheiben Weißbrot, 200 ml Weißwein,
frisch gemahlener Pfeffer, 400 g Emmentaler oder
Gruyère am Stück, Cayennepfeffer, Paprikapulver
Außerdem: Fett für das Backblech

Den Backofen auf ca. 175 °C vorheizen. Die Brotscheiben entrinden, mit dem Weißwein beträufeln und pfeffern. Den Käse in 4 gleich große Scheiben schneiden und jede Brotscheibe mit 1 Käsescheibe belegen. Auf ein leicht gefettetes Backblech legen und in den Ofen schieben. Sobald der Käse zu brutzeln beginnt, die Käseschnitten auf vorgewärmten Tellern servieren. Zum Nachwürzen Pfeffermühle, Cayennepfeffer und Paprikapulver bereitstellen.

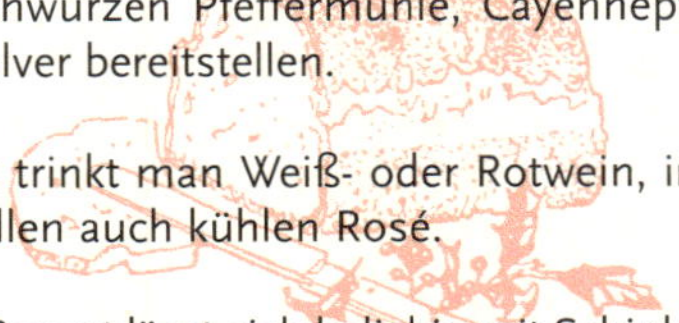

- Dazu trinkt man Weiß- oder Rotwein, in Ausnahmefällen auch kühlen Rosé.

- Das Rezept lässt sich beliebig mit Schinken, Speckscheiben, Bündner Fleisch, gedünsteten Pilzen, Gurken, Zwiebelringen oder einem Spiegelei erweitern, doch zwei Konstanten sollten bleiben: Aufgrund der besonderen Schmelzeigenschaften ist es unbedingt ratsam, Schweizer Gruyère oder Emmentaler zu verwenden. Und den Abschluss bildet immer grob gemahlener Pfeffer.

Käsewähe

Das ist ein Kuchen mit garantiertem Käsegenuss. Der Einfachheit halber bereitet man die Käsewähe meistens mit fertig gekauftem Mürbeteig zu.

500 g Kuchenteig (Mürbeteig) aus dem Kühlregal,
150 g geriebener Emmentaler,
150 g geriebener Gruyère, 2 EL Mehl,
Salz, frisch gemahlener schwarzer Pfeffer,
frisch geriebene Muskatnuss,
3 Eier, 1/2 l Milch
Außerdem: Fett für das Backblech

Den Teig sehr dünn ausrollen und ein gefettetes Backblech damit auslegen. Mit einer Gabel mehrmals einstechen, damit der Teig beim Backen keine Blasen wirft. Den Backofen auf 200 °C vorheizen.
In einer Schüssel den geriebenen Käse mit Mehl, wenig Salz, Pfeffer und Muskat mischen. Die Eier in der Milch verquirlen, unter die Käsemischung rühren und kurz ziehen lassen. Die Mischung auf dem Teig verteilen und im Backofen 35–40 Minuten backen, danach sollte die Füllung gestockt und goldbraun sein. Die Wähe sofort servieren und einen gemischten Salat dazu reichen.

Sie können die Wähe zusätzlich mit 200 Gramm magerem, sehr dünn geschnittenem Speck oder mit 500 Gramm in Butter hell angedünsteten Zwiebelringen anreichern.

Malakoffs

Das Gericht erinnert an den Krimkrieg 1855–1856, den Frankreich, Großbritannien und die Türkei gegen Russland austrugen. Er fand seinen militärischen Höhepunkt in der Eroberung des Forts Malakoff bei Sewastopol. Unter den siegreichen Soldaten befanden sich nicht wenige Schweizer Söldner. Sie brachten ein köstliches Gericht mit nach Hause, das sie in Erinnerung an den Waffengang „Malakoffs" nannten.

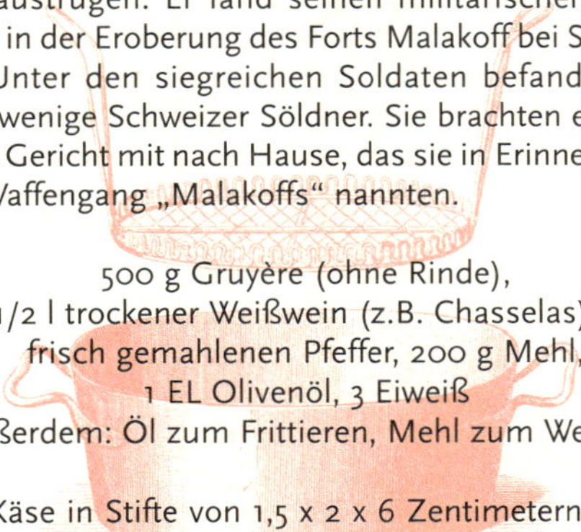

500 g Gruyère (ohne Rinde),
gut 1/2 l trockener Weißwein (z.B. Chasselas), Salz,
frisch gemahlenen Pfeffer, 200 g Mehl,
1 EL Olivenöl, 3 Eiweiß
Außerdem: Öl zum Frittieren, Mehl zum Wenden

Den Käse in Stifte von 1,5 x 2 x 6 Zentimetern schneiden und in 1/2 Liter Weißwein einlegen, salzen und pfeffern. 2 Stunden darin ziehen lassen. In einer zweiten Schüssel Mehl, Salz, Pfeffer, Öl und so viel Wein verrühren, dass ein nicht zu dünner Ausbackteig entsteht. 1 Stunde ruhen lassen. Die Eiweiße zu steifem Schnee schlagen und unter den Teig ziehen.
Öl in einer Pfanne oder Fritteuse erhitzen. Käsestücke aus dem Weißwein heben und abtropfen lassen. Erst in wenig Mehl wenden, dann durch den Teig ziehen und im heißen Fett goldgelb ausbacken. Sofort servieren.

Frisches Weißbrot und Weißwein (am besten einen Chasselas aus der Westschweiz) dazu reichen.

Suppen – von den Schweizern heiß geliebt

Wie in allen Ländern mit überwiegend ländlicher Bevölkerung gehörten auch in der Schweiz die Suppen früher zum Alltag der Familien. Ein großer Suppentopf war fast das wichtigste Gerät in den Küchen. Wenn zwei junge Leute heirateten, kochte die Frau die erste Suppe im eigenen Heim in reichlicher Menge, und was davon gegessen wurde, das ersetzte sie von Tag zu Tag mit neuen Zutaten – was es halt gerade so gab im Garten, auf dem Feld oder auf dem Markt. Wenn das Paar dann zu Großeltern geworden war, steckte (zumindest der Theorie nach) noch immer ein winziger Rest der allerersten Suppe im großen Suppentopf.
In der Praxis war es natürlich anders. Die Hausfrauen bemühten sich, möglichst viele verschiedene Suppen zu kochen. Das war leichter und vor allem billiger, als bei den anderen Speisen viel Abwechslung zu bieten. Und genau deshalb gibt es in der Schweiz unglaublich viele Suppenrezepte.

Bündner Gerstensuppe

1 Zwiebel, 1 Möhre, 1 Stange Lauch,
1/2 Sellerieknolle, 50 g Bündnerfleisch oder roher Schinken, 50 g Butter, 100 g Gerste,
1 EL Mehl, 2 l Fleischbrühe,
100 g Speck mit Schwarte, 100 ml Milch,
100 ml Sahne, Salz, frisch gemahlener Pfeffer

Die Zwiebel schälen, Möhre, Lauch und Sellerie putzen und alles klein schneiden. Bündnerfleisch oder Schinken in kleinste Würfelchen schneiden.
In einem großen Topf die Butter schmelzen, das Gemüse und das Bündnerfleisch oder den Schinken darin andünsten. Die Gerste einrühren und kurz mitdünsten. Das Mehl darüber stäuben, kurz mitbraten und mit der Fleischbrühe ablöschen. Gut verrühren. Die Schwarte vom Speck abschneiden und in der Suppe mitkochen. Den Speck klein würfeln und beiseite stellen. Die Suppe 2 Stunden lang zugedeckt köcheln lassen, dabei öfter umrühren.
Danach die Milch mit der Sahne vermischen und unter die Suppe rühren. Speck hinzufügen und die Suppe mit Salz und Pfeffer abschmecken. Nochmals aufkochen lassen, Speckschwarte herausnehmen und die Suppe servieren. Dazu reicht man Schwarzbrot.

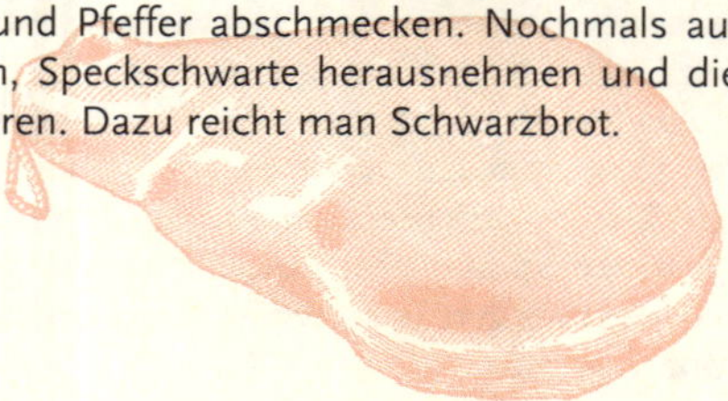

Basler Mehlsuppe

In Basel wird Mehlsuppe vor allem an einem Tag im Jahr gegessen: am Fasenachts-Montag nach dem Morgenstreich ab 4 Uhr in der Frühe. Dann bekommt man sie in jedem Lokal der Innenstadt. Doch nicht viele Lokale kochen sie noch selbst – die meisten verwenden fertig gekaufte Suppenmehle, die man nur noch anrühren und aufkochen muss. Dabei ist das Wichtigste an einer guten Mehlsuppe, dass sie lange kocht.

20 g Butter, 100 g Mehl, 1 l Fleischbrühe,
300 ml trockener Rotwein,
Salz, frisch gemahlener Pfeffer,
1 Nelke, frisch geriebene Muskatnuss,
50 g geriebener Emmentaler

Die Butter in einem Suppentopf schmelzen und das Mehl damit verrühren. Bei geringer Hitze so lange unter Rühren braten, bis das Mehl schön braun geworden ist – anbrennen darf es aber nicht. Mit etwas Bühe ablöschen und nach und nach unter ständigem Rühren die restliche Brühe zugeben. Zum Kochen bringen, 30 Minuten zugedeckt köcheln lassen, dabei immer wieder umrühren. Rotwein zugießen und die Suppe mit Salz und Pfeffer würzen. Die Nelke zugeben und zugedeckt 1 1/2 Stunden köcheln lassen. Bei Bedarf noch etwas Wasser zugeben, damit die Suppe nicht zu dick wird. Vor dem Servieren mit Muskat abschmecken. Auf Suppentellern verteilen und mit dem Emmentaler bestreuen.

Minestrone

Das ist die berühmteste Suppe Italiens, die aber auch im Tessin sehr beliebt ist. Von ihr gibt es mindestens tausend verschiedene Varianten – fast alles, was gerade im Garten wächst bzw. in der Küche zur Hand ist, kann dafür verwendet werden.

1 Zwiebel, 2 Knoblauchzehen,
je 1 Hand voll Kohlblätter, Selleriestängel,
Möhren, Wirsingblätter, Lauch, grüne Bohnen,
100 g Speck, 20 g Butter, gekochte weiße Bohnen,
1/2 Bund Petersilie, frische Kräuter
(z.B. Basilikum, Liebstöckel oder Salbei),
6 vollreife Tomaten, 4 Kartoffeln,
100 ml trockener Weißwein, Salz,
frisch gemahlener Pfeffer, 100 g frisch
geriebener Parmesan

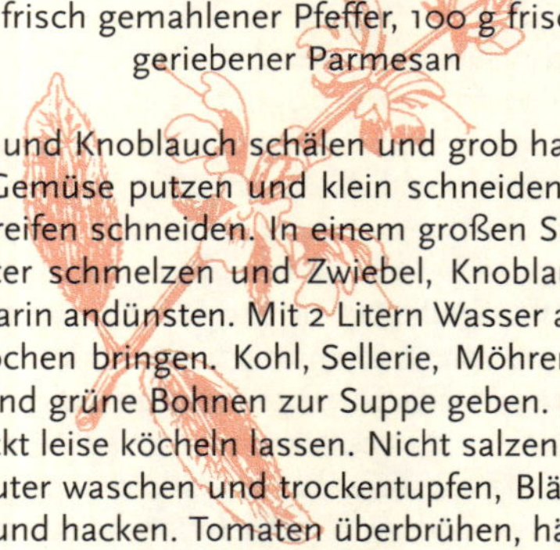

Zwiebel und Knoblauch schälen und grob hacken. Das übrige Gemüse putzen und klein schneiden. Speck in feine Streifen schneiden. In einem großen Suppentopf die Butter schmelzen und Zwiebel, Knoblauch sowie Speck darin andünsten. Mit 2 Litern Wasser ablöschen. Zum Kochen bringen. Kohl, Sellerie, Möhren, Wirsing Lauch und grüne Bohnen zur Suppe geben. 2 Stunden zugedeckt leise köcheln lassen. Nicht salzen!
Die Kräuter waschen und trockentupfen, Blättchen abzupfen und hacken. Tomaten überbrühen, häuten, entkernen und das Fruchtfleisch würfeln. Kartoffeln schälen und fein würfeln. Mit weißen Bohnen, Kräutern und

Tomaten zur Suppe geben, Wein zugießen, salzen und pfeffern. Zugedeckt 1 Stunde mehr ziehen als köcheln lassen. Abschmecken und mit Parmesan servieren.

Busecca

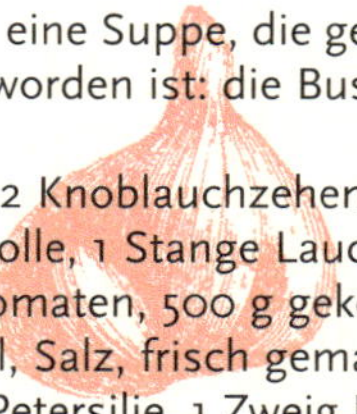

Im Tessin gibt es eine Suppe, die geradezu zum nationalen Symbol geworden ist: die Busecca.

1 Zwiebel, 2 Knoblauchzehen, 2 Möhren,
1/2 Sellerieknolle, 1 Stange Lauch, 2 Kartoffeln,
2 vollreife Tomaten, 500 g gekochte Kutteln,
2 EL Olivenöl, Salz, frisch gemahlener Pfeffer,
1 Bund Petersilie, 1 Zweig Rosmarin,
1/4 TL Safranfäden, 100 g geriebener Parmesan

Zwiebel, Knoblauch, Möhren, Sellerie, Lauch und Kartoffeln schälen bzw. putzen und klein schneiden. Die Tomaten überbrühen, häuten, von Stielansatz und Kernen befreien und würfeln. Die Kutteln in schmale Streifen schneiden.
Öl in einem großen Topf erhitzen und die Zwiebel darin glasig dünsten. Knoblauch, Möhren, Sellerie und Lauch einrühren und mitdünsten. Mit 2 Litern Wasser ablöschen und zum Kochen bringen. Kutteln zugeben, salzen, pfeffern und 30 Minuten zugedeckt köcheln lassen. Kräuter waschen, trockentupfen, Blätter und Nadeln abzupfen und hacken. Mit Kartoffeln, Tomaten und Safran zugeben und die Suppe köcheln lassen, bis die Kartoffeln gar sind. Mit Parmesan bestreut servieren.

Polenta und Reis – zwei Zugereiste

Der Name Polenta ist viel älter als der Maisanbau im Tessin oder in Oberitalien. Polenta heißt eine kleine Ortschaft in der Romagna, 10 Kilometer südwestlich von Cesena. Sie wartet mit einem malerischen Schlösslein auf und war der Stammsitz der Familie da Polenta.
Die Polenta selbst wurde im Tessin aus Buchweizen zubereitet, bis vor etwa 150 Jahren der aus Amerika eingeführte und wesentlich einfacher zu kultivierende Mais an dessen Stelle trat.
Doch nicht nur der Mais, auch der Reis ist keine schweizerische Pflanze – und hat sich dennoch in herzhaften und süßen Zubereitungen den Familientisch erobert. Das einzige Reisgericht, das als einheimisch gelten kann, ist der Risotto – oder meinetwegen: das Risotto. Zwar stammt der Risotto ursprünglich aus Norditalien, wo man traditionell Reis anbaut. In der Küche des Tessins aber hat er längst seinen eigenen Platz bekommen, nach regionalen Gepflogenheiten zubereitet, versteht sich.

Polenta nach Tessiner Art

Diese Polenta ist sehr einfach zu kochen – wenn man den Topf nicht sich selbst überlässt, denn sonst brennt sie an! Man muss sie ständig rühren, und zwar von unten nach oben, um die Kruste vom Topfboden zu lösen, noch bevor sie ansetzt. Man kann den Polentatopf aber auch in ein Wasserbad stellen, um ein Anbrennen des Gerichts zu verhindern. Ums Rühren kommt man aber selbst dann nicht herum.
Im Tessin isst man die Polenta zu Kaninchenragout sowie mit harten und halbharten, eher würzigen Käsesorten (z.B. mit Pecorino). In den Tessiner Alpen bekommt man Polenta oft mit Rahm – als Zutat im Rezept oder über die fertige Polenta gegossen.

Salz, 250 g Maisgrieß (nicht zu fein)

1 Liter Wasser leicht salzen, zum Kochen bringen und unter ständigem Rühren den Mais langsam zugeben. Die Flamme so einstellen, dass der Maisbrei köchelt, aber nicht spritzt. Unter ständigem Rühren (von unten nach oben) etwa 1 Stunde köcheln lassen.

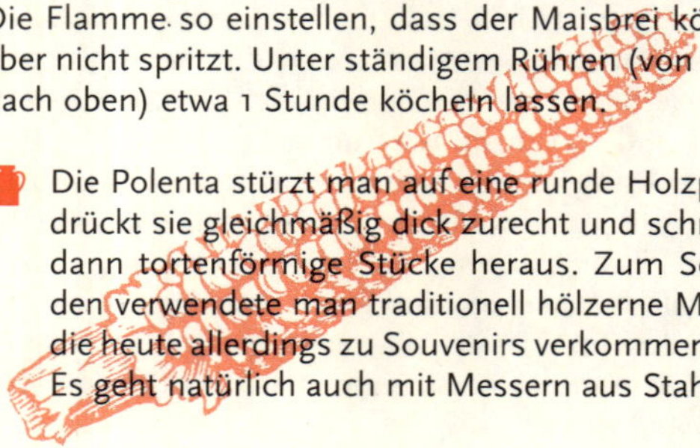

Die Polenta stürzt man auf eine runde Holzplatte, drückt sie gleichmäßig dick zurecht und schneidet dann tortenförmige Stücke heraus. Zum Schneiden verwendete man traditionell hölzerne Messer, die heute allerdings zu Souvenirs verkommen sind. Es geht natürlich auch mit Messern aus Stahl.

Türkenribel

Diese Polenta, die eben nicht Polenta heißt, sondern nach dem österreichischen Wort für Mais, also „Türken“ benannt wurde, ist in der Ostschweiz zu Hause.

350 g feiner Maisgrieß, Salz,
2 Pellkartoffeln vom Vortag, 100 g Butter

Den Maisgrieß in einer Schüssel mit 300 Millilitern kochendem Salzwasser gründlich vermischen. Die Kartoffeln pellen und fein reiben. Sorgfältig in den Grießbrei einarbeiten.
In einer Pfanne 3 Teelöffel Butter schmelzen und die Mais-Kartoffel-Mischung zugeben. Bei geringer Hitze unter ständigem Rühren braten, dabei sollten kleine Klümpchen (Ribel) entstehen. Von Zeit zu Zeit etwas Butter zufügen. Solange weiterrühren, bis die Ribel gleichmäßig geformt und schön braun sind, das dauert ca. 45 Minuten.

Dazu isst man saucenreiche Fleischgerichte, Salat, Käse, Apfelmus oder Kompott. Man kann die Ribel aber auch einfach mit Zucker und Zimt bestreuen.

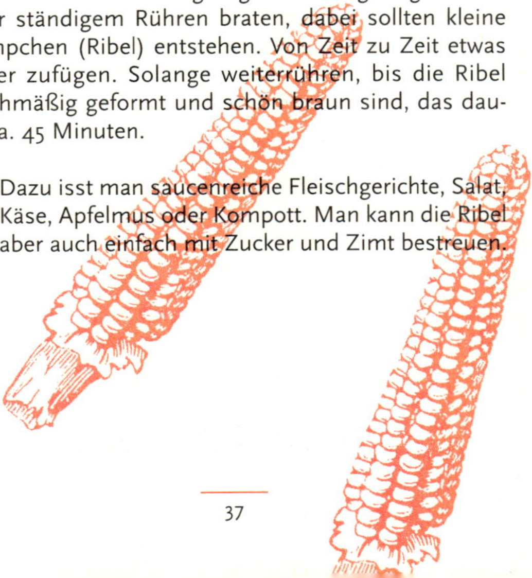

Risotto – Grundrezept

Ein Risotto ist nicht irgendein Reisbrei. In einem echten Risotto sollen die Reiskörner gar, aber noch voneinander getrennt sein. Dies lässt sich nur erreichen, wenn man ihn auf die richtige Art kocht und nie sich selbst überlässt – und wenn man den richtigen Risottoreis verwendet. Ich bevorzuge Vialone-Reis. Die trockenen Reiskörner werden in einem ausreichend großen Topf in Butter oder Öl bei mittlerer Hitze gründlich gerührt. Die Körner sollen so viel Fett aufnehmen, wie sie überhaupt können. Dann gibt man nach und nach, in kleinen Portionen und unter stetigem Rühren, die notwendige Flüssigkeit zu.
Risotto ist, nebenbei bemerkt, keine Beilage, sondern eine selbstständige Speise, die meistens nach einem kleinen Hors d'œuvre, italienisch: Antipasto, gereicht wird. Danach folgt dann der Hauptgang. Linienbewusste Schlemmer essen nach dem Risotto nur noch frischen Salat und dann Früchte.

Risotto „Tessiner Art“

Risotto auf Tessiner Art ist im Grunde ein Risotto alla Milanese – aber eben doch nicht ganz!

1 Zwiebel, 1 Knoblauchzehe, 50 g Butter,
1 Stück Markknochen, 400 g Vialone-Reis,
300 ml trockener Merlot, 2 1/2 l Fleischbrühe,
1/2 TL Safranfäden,
150 g frisch geriebener Parmesan

Die Zwiebel und den Knoblauch schälen, Zwiebel fein hacken, den Knoblauch durch die Presse drücken. In einer großen Kasserolle die Butter schmelzen, Zwiebel, Knoblauch und das aus dem Knochen gekratzte und gehackte Mark darin leicht anbraten. Den trockenen Reis zugeben und gut untermischen. Ständig rühren! Mit dem Rotwein ablöschen. Sobald die Flüssigkeit verkocht ist, portionsweise die erhitzte Fleischbrühe einrühren. Immer nur so viel Brühe zugeben, dass der Reis knapp bedeckt ist.
Nach 15 Minuten die Hälfte der Safranfäden einrühren. Kurz bevor der Reis bissfest gar ist, die zweite Hälfte Safran untermischen. Den gegarten, aber noch körnigen Reis vom Herd nehmen, auf ein Holzbrett stellen und zugedeckt 2 Minuten ziehen lassen. Im Topf servieren und den frisch geriebenen Parmesan getrennt dazu reichen.

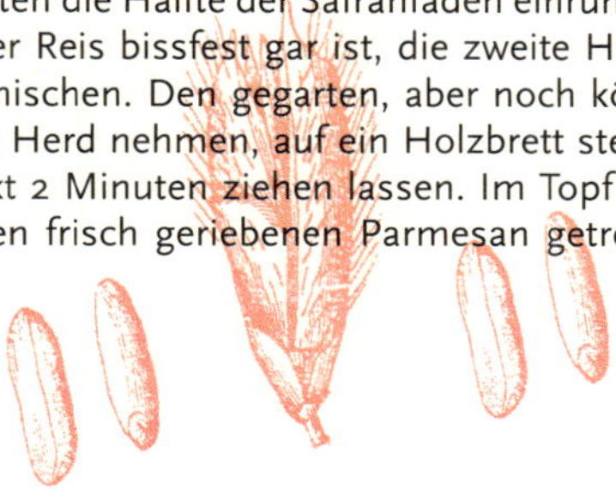

Teigwaren – ehedem eine Seltenheit

Es ist kaum verwunderlich, dass es in den alteingesessenen Küchen der Schweiz recht wenige Teigwarenrezepte gibt. Mehl war rar, weil in den meisten Kantonen nur bedingt Getreide angebaut werden konnte und es daher vorwiegend zu Brot verarbeitet wurde. Und selbst Brot war keine verbreitete Volksspeise. Es gab in der Schweiz Regionen, in denen Brot so selten auf den Tisch kam wie Fleisch. Und das war vorwiegend an Sonn- oder Festtagen der Fall. Teigwaren standen dann schon häufiger auf dem Speiseplan von wohlhabenden Familien in den Städten. Deren Köchinnen kamen oft aus dem Ausland und brachten von dort ihre Rezepte mit. Erst vor ungefähr einhundert Jahren, als das Mehl billiger wurde, begannen die Teigwaren ihren Siegeszug im ganzen Land.

Glarner Knöpfli

Eine der ältesten Arten von Teigwaren sind die Knöpfli oder Spätzli, die in der Schweiz selbst als urschweizerisch empfunden werden. Ganz gewiss aus Schweizer Küchen stammt jene Art von Spätzli, die im Kanton Glarus heimisch ist. Dort gibt es den Glarner Schabziger, einen Käse aus nahezu fettfreier Milch, der mit gemahlenem Klee gewürzt und grün gefärbt wird. Er kommt als harte, trockene „Zigerstöckli" in den Handel und ist eine wichtige Zutat der Glarner Knöpfli.

500 g Mehl, Salz, 1 geriebenes Schabziger-Stöckli,
frisch gemahlener Pfeffer, 5 Eier, 50 g Butter

Das Mehl mit wenig Salz und dem Käsepulver vermischen und pfeffern. Die Eier verquirlen und mit so viel Wasser unter das Mehl rühren, dass ein dickflüssiger Teig entsteht. In einem großen Topf reichlich Salzwasser zum Kochen bringen. Den Teig dünn auf ein Holzbrett streichen und mit einem Messer ins kochende Wasser schaben. Die Knöpfli sind gar, wenn sie an die Oberfläche steigen. Mit der Schöpfkelle herausnehmen, im Sieb abtropfen lassen und auf eine heiße Platte legen. Die Butter zerlassen und die Knöpfli damit beträufeln. Mit Pfeffer aus der Mühle übermahlen.

Gut abgetropft kann man die Knöpfli auch in Butter leicht anbraten und vor dem Servieren nochmals mit Schabziger-Pulver bestreuen.

Käshörnli

Die seltsame Mischung von Schweizer Hartkäse mit Süßem findet sich in einem Gericht, das Käshörnli heißt. Hörnli sind die kleinen gebogenen Makkaroni, die in der Schweiz eine der beliebtesten Beilagen für Saucengerichte sind.

300 g Hörnli (Hörnchennudeln), Salz, 1 Zwiebel,
50 g Butter, 4 EL Sahne, frisch gemahlener Pfeffer,
200 g geriebener Gruyère oder Emmentaler,
1 kg Apfelmus

Hörnli in sprudelnd kochendem Salzwasser „al dente" garen. In einem Sieb abtropfen lassen, gut schütteln, damit das Kochwasser aus den Hohlräumen abläuft. Die Zwiebel schälen und sehr fein hacken. Die Butter in einer großen Pfanne schmelzen und die Zwiebel darin anschwitzen, mit Sahne ablöschen. Die Hörnli unter die Sahne-Zwiebel-Mischung heben und auf eine heiße Platte geben. Nach Belieben pfeffern und mit Käse bestreuen. Das Apfelmus getrennt dazu servieren.

Älplermagronen

Älplermagronen ist der Name eines Gerichts, das in der Urschweiz südlich des Vierwaldstätter-Sees entstand. Dort war die Milchwirtschaft eine der wichtigsten Einkommensquellen – neben dem Dienst in fremden Heeren. Die Kühe weideten in der guten Jahreszeit auf den Alpen, was im schweizerischen Sprachgebrauch nicht nur die Berge, sondern auch die saftigen Matten an ihrem Fuß bezeichnet. Die Sennen ernährten sich von der Milch der Kühe, von dem, was sie aus dem Tal mitgebracht hatten, und von dem wenigen, was in der Nähe der Alphütten wuchs. Dort gab es unter anderem Kartoffeln, die aber nie sehr groß wurden und allein als Nahrung nicht ausreichten. Was taten die klugen Sennen? Sie erfanden die Älplermagronen, ein Mischgericht, das nahrhaft, wohlschmeckend und praktisch ist. Dazu aßen viele Sennen ein Kompott aus getrockneten Früchten. Und es soll nicht selten vorgekommen sein, dass sie das Kompott mit Schnaps „vervollständigten".

1 1/2 l Milch, Salz, frisch gemahlener Pfeffer,
400 g Makkaroni, 1 Zwiebel,
250 g Pellkartoffeln, 20 g Butter,
200 g Bergkäse (oder vollreifer Gruyère)

In einem großen Topf die Milch erhitzen, salzen und leicht pfeffern. Sobald sie zu kochen beginnt, die Makkaroni zugeben und immer wieder umrühren, damit nichts überkocht oder anbrennt. Inzwischen die Zwiebel in sehr dünne Scheiben schneiden. Die Kartoffeln pellen und in Scheiben schneiden. Butter in einer Pfanne erhitzen und die Zwiebel darin leicht anbraten. Zu den Makkaroni geben. Sobald die Nudeln nahezu gar sind, die Kartoffeln zugeben und erhitzen. Den Käse reiben und unter das fertige Gericht mischen.

Kartoffeln – einmal ganz anders

Nach dem bewährten Prinzip „Man kocht, was man hat“ wurden früher die unterschiedlichsten Kartoffelgerichte zubereitet. Sie waren ursprünglich auf die Gegenden beschränkt, in denen die Zutaten wuchsen. Inzwischen bekommt man sie in der ganzen Schweiz, doch ihre alten Namen haben sie behalten.

Die Kunst, eine Rösti zuzubereiten

Die nötigen Zutaten für diese schweizerische Spezialität sind überall leicht erhältlich: Kartoffeln, Butter, Salz – basta. Doch dann beginnen schon die Schwierigkeiten. Es fängt mit der Grammatik an. Das Wort Rösti ist nämlich nicht etwa die Mehrzahl von der/die/das Röst. Das Wort Rösti ist eine Einzahl, und dazu noch weiblich, weshalb man in der Schweiz sagt: „Ich esse gern eine Rösti.“
Und dann kommt das Problem mit den Kartoffeln. Die Rösti verlangt nach einer Kartoffelsorte, die ziemlich mehlig ist, aber eben nicht ganz mehlig. Kein Problem ist die Butter. Sie muss nur frisch sein. Ab jetzt betritt man ein heikles Gebiet, nämlich das der Familienrezepte. Für eine richtige Schweizer Rösti, gleich aus welcher Gegend sie stammt, werden die Kartoffeln nicht in dünne Scheiben geschnitten, sondern mit einer speziellen „Röstiraffel“ geraffelt. So eine Röstiraffel ist

in der Schweiz in jedem Haushaltsgeschäft erhältlich. Aber die grobe Seite einer im übrigen deutschen Sprachraum erhältlichen Haushaltsreibe tut es auch. Außerdem benötigt man eine Bratpfanne, am besten geeignet ist eine aus Gusseisen, mit dickem Boden und handlichem Stiel. Am wenigsten gut finde ich beschichtete Pfannen. Emaillierte Eisenpfannen sind brauchbar, aber nur, wenn das Email von bester Qualität ist und die Pfanne einen dicken Boden hat.
In alten Zeiten war es so, dass die Rösti in der Bratpfanne auf den Tisch kam und jeder sich mit dem Löffel seinen Teil herausholte. Rösti galt damals als komplette Mahlzeit, die ergänzt wurde durch Milchkaffee, manchmal auch durch vergorenen Apfelmost, Wein oder ein anderes ortsübliches Getränk. Dazu aß man, wenn es die Verhältnisse erlaubten, Käse. Das war eine sättigende Mahlzeit, die sich als Frühstück, Mittag- oder Abendessen gleich gut eignete. Nun aber zur Frage, wie man sie zubereitet.

Rösti – Grundrezept

1 kg mehlig kochende Kartoffeln,
40–50 g Butter, Salz

Die Kartoffeln in der Schale kochen, bis sie zwar gar sind, aber noch Biss haben. In ein Sieb geben und mindestens 1/2 Tag lang zugedeckt stehen lassen. Anschließend schälen und auf einer Röstiraffel oder Haushaltsreibe grob raffeln.
Die Butter in der Pfanne bei geringer Hitze schmelzen lassen. Die Kartoffeln hineingeben, salzen und gründlich durchmengen. Die Kartoffelstücke mit dem Bratwender gut zusammendrücken, sodass ein kompakter Kuchen entsteht. Auf kleiner Flamme zugedeckt etwa 10 Minuten braten. In dieser Zeit die Rösti zweimal mit der Bratschaufel zusammendrücken, damit sie schön kompakt bleibt. Öfter etwas an der Pfanne rütteln, damit die Rösti nicht am Pfannenboden ansetzt! Falls nötig, vorsichtig vom Boden lösen – und wieder zusammendrücken.
Nach 10 Minuten sollte die Rösti auf der Unterseite eine goldbraune Schicht aufweisen. Die fertige Rösti auf eine Platte stürzen.

Eine Rösti ergibt mit Salat eine komplette Mahlzeit. Sie eignet sich aber auch als Beilage zu gebratenem Fleisch, zu Würstchen, Gemüse, Fisch oder Schinken, ja sie passt sogar zu Apfelmus.

Die Rösti wäre kein schweizerisches Gericht, wenn sie nicht in verschiedenen Regionen unterschiedlich zubereitet würde:

Rösti auf Hausfrauenart

Gute Hausfrauen verwerten bekanntlich alle Reste. Deshalb mischen sie gekochte Erbsen, gekochte klein geschnittene Teigwaren, weiße Bohnen, gewürfelte Reste von gekochtem oder gebratenem Fleisch, Wurstscheiben oder Schinkenreste unter die Kartoffeln in der Pfanne. Wichtig: Die Zutaten dürfen keine Sauce und kein Wasser enthalten, sonst misslingt die Rösti!

Berner Rösti

In der Butter werden zuerst kleine Speckwürfelchen angebraten, bevor man die Kartoffeln untermischt. Vorsicht, dass die Butter dabei nicht zu heiß wird!

Bauernrösti

Mit den Speckwürfelchen werden grob gehackte Zwiebeln in der Butter gedünstet, je nach Geschmack 1–2 pro Kilogramm Kartoffeln.

Käserösti

Die Kartoffelstücke werden mit klein gewürfeltem Emmentaler oder Gruyère vermengt. In der Pfanne rührt man noch 3–4 Esslöffel Milch unter.

Zwiebelrösti

Für 1 Kilogramm Kartoffeln 4 geschälte Zwiebeln in ganz dünne Scheiben schneiden und in wenig Butter bei geringer Hitze unter wiederholtem Wenden weich dünsten. Dann frische Butter zugeben, schmelzen lassen und die geraffelten Kartoffeln nach Grundrezept (S. 49) untermengen und weiterverarbeiten.

Pilzrösti

Wer auf der Pilzsuche erfolgreich war, kann einen Teil seiner Ausbeute zum Aromatisieren einer Rösti verwenden. Dazu werden die geputzten Pilze grob gehackt, erst in der Pfanne in Butter angebraten und dann mit den geraffelten Kartoffeln vermischt.
Je aromatischer die gewählten Pilze sind, desto besser schmeckt diese Rösti. Wer es noch würziger mag, kann zusätzlich Kümmel oder andere Gewürze nach Belieben zugeben.

Fischrösti

Hierzu Fischfilets verwenden, die sich zum Braten in der Pfanne eignen. Fischarten, die Wasser ziehen, nicht für diese Rösti verwenden. Die Filets werden in kleine Stücke geschnitten, in der Pfanne in Butter unter mehrmaligem Wenden angebraten und dann mit den geraffelten Kartoffeln vermischt. Alternativ zum Fischfilet kann man auch geschälte und gekochte Krabben oder Crevetten (Garnelen) dafür verwenden.

Maluns

Maluns ist ein typisches Gericht aus Graubünden, das ein wenig den Türkenribeln (S. 37) ähnelt.

1 kg mehlig kochende Kartoffeln,
350 g Mehl, Salz, frisch gemahlener Pfeffer,
150 g Butterschmalz, 100 g Butter

2 Tage im Voraus die Kartoffeln in der Schale kochen, abgießen, abkühlen und bis zur Verwendung im Kühlschrank ruhen lassen.
Am Tag der Verwendung die Kartoffeln pellen und auf einer Röstiraffel oder Haushaltsreibe grob raffeln. In einer Schüssel mit Mehl, Salz und Pfeffer mischen. 4–5 Minuten mit den Händen verreiben, danach sollte das Mehl vollständig eingearbeitet sein.
In einer großen Pfanne Butterschmalz und Butter erhitzen, die Kartoffeln dazugeben und bei mittlerer Hitze unter ständigem Rühren mit dem Holzlöffel in ca. 30 Minuten goldbraun braten. Danach sollten die Kartoffeln ein griebenähnliches Aussehen haben. Man genießt das Gericht mit Alpkäse, Apfelkompott oder Apfelmus und Milchkaffee.

Tessiner Käsegnocchi

Man kann die Gnocchi als kleine Klöße mit Tomatensauce und viel geriebenem Parmesan servieren, mit Butter und Käse anrichten oder als Beilage zu einem Ragout reichen.

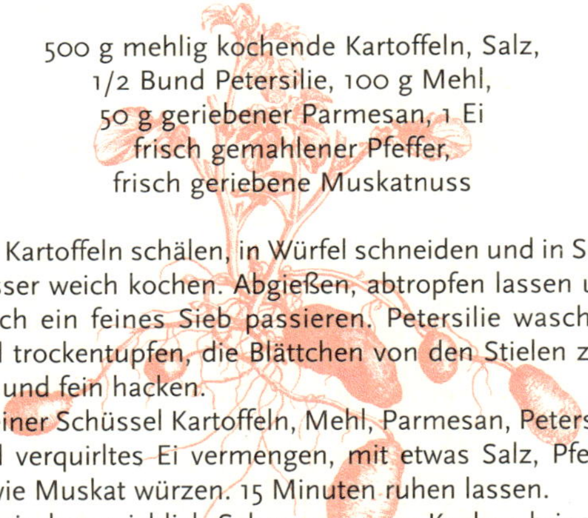

500 g mehlig kochende Kartoffeln, Salz,
1/2 Bund Petersilie, 100 g Mehl,
50 g geriebener Parmesan, 1 Ei
frisch gemahlener Pfeffer,
frisch geriebene Muskatnuss

Die Kartoffeln schälen, in Würfel schneiden und in Salzwasser weich kochen. Abgießen, abtropfen lassen und durch ein feines Sieb passieren. Petersilie waschen, und trockentupfen, die Blättchen von den Stielen zupfen und fein hacken.
In einer Schüssel Kartoffeln, Mehl, Parmesan, Petersilie und verquirltes Ei vermengen, mit etwas Salz, Pfeffer sowie Muskat würzen. 15 Minuten ruhen lassen.
Inzwischen reichlich Salzwasser zum Kochen bringen. Aus dem Teig halbfingergroße Knödelchen formen, mit der Gabel ein Muster hineindrücken und in das sprudelnd kochende Wasser geben. Sobald die Gnocchi an die Oberfläche steigen, sind sie gar. Herausnehmen, abtropfen lassen und servieren.

Für Gnocchi als Suppeneinlage die Suppe nahezu fertig kochen und zuletzt die Gnocchi darin gar ziehen lassen.

Gemüse – köstliche Beilagen

Die Gemüsegerichte der Schweizer Küchen erfordern hochwertige Produkte, da sie meistens mit sehr wenig würzenden Zutaten auskommen. Man tut also gut daran, für diese Verwendung Gemüse von höchster Qualität und geschmacklicher Güte auszuwählen – das heißt aber auch, beim Einkauf nicht nur auf den äußeren Schein zu achten! Am besten wird das gelingen, wenn Sie nach Gemüse Ausschau halten, das Sie entweder frisch vom Feld beim Erzeuger oder noch besser direkt beim Bio-Bauern kaufen können. Auch wenn die Preise etwas höher sind als üblich – der Geschmack wird Sie entschädigen.

Engadiner Kabiseintopf

Im rauen Klima der Schweizer Voralpen pflanzte man in früheren Zeiten vor allem Gemüsesorten an, die im Sommer gute Erträge lieferten und harte Winter überstanden. Dazu gehörten die Kohlarten. Vor allem Weißkraut, Kabis genannt, war wegen seiner Vielseitigkeit sehr beliebt. Dieses Gericht ist typisch für das Engadin.

1 Kopf Weißkraut, Salz, 8 Kartoffeln, 2 Zwiebeln,
200 g geräucherter Speck, 50 g Butter,
1/2 TL Thymian, frisch gemahlener Pfeffer,
Fleischbrühe, 200 ml Sahne

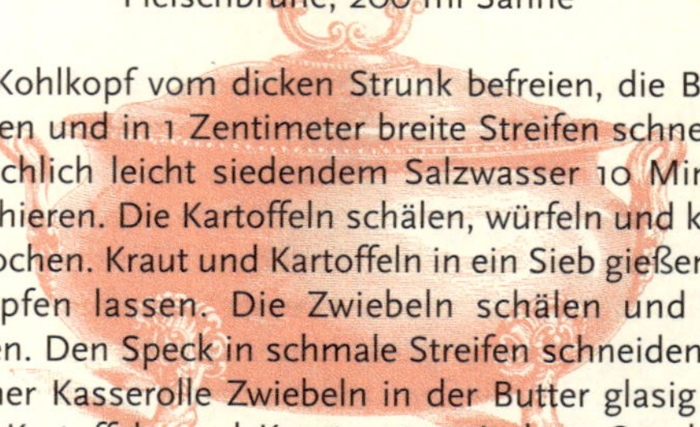

Den Kohlkopf vom dicken Strunk befreien, die Blätter ablösen und in 1 Zentimeter breite Streifen schneiden. In reichlich leicht siedendem Salzwasser 10 Minuten blanchieren. Die Kartoffeln schälen, würfeln und knapp gar kochen. Kraut und Kartoffeln in ein Sieb gießen und abtropfen lassen. Die Zwiebeln schälen und grob hacken. Den Speck in schmale Streifen schneiden.
In einer Kasserolle Zwiebeln in der Butter glasig dünsten. Kartoffeln und Kraut untermischen, Speck und Thymian zugeben. Salzen, pfeffern und so viel Brühe angießen, dass das Gemüse etwa 2 Zentimeter herausragt. Zum Kochen bringen und 5 Minuten köcheln lassen. Die Sahne unterrühren, nochmals aufkochen und in der Kasserolle auf den Tisch bringen.

Mit frischem Weißbrot oder dunklem Bauernbrot und einem Glas Veltliner Rotwein servieren.

Tessiner Rotkraut

Zu den Wintergemüsesorten gehört auch das Rotkraut. Es wird, weil es überall in der Schweiz angebaut wird, auf die verschiedensten Arten zubereitet. Mir gefällt ein Tessiner Rezept am besten. Es enthält Zimt, was ein relativ ungewöhnliches Gewürz für Gemüse, aber dennoch ganz typisch fürs Tessin ist.

1 Kopf Rotkraut, 60 g Butter,
Salz, frisch gemahlener Pfeffer,
1 TL Zimt, 10 Walnusskerne,
1/2 l trockener Tessiner Merlot

Den Krautkopf halbieren, Strunk und dicke Rippen entfernen und die Blätter in dünne Streifen schneiden. In einer Kasserolle 50 Gramm Butter schmelzen und die Krautstreifen darin bei mittlerer Hitze unter häufigem Wenden andünsten. Salz, Pfeffer und Zimt einrühren. Walnüsse grob hacken und in einer Pfanne in der restlichen Butter leicht rösten. Unter das Kraut mischen. Den Rotwein zugießen und bei geringer Hitze erst zugedeckt garen, dann die Temperatur hoch schalten und das Kraut einige Minuten offen kochen lassen, um die Flüssigkeit zu reduzieren.

Das Rotkraut schmeckt ausgezeichnet zu Tessiner Würsten, zu dunklem Fleisch, Wild, Gänse- oder Entenbraten, gekochtem Speck und Schinken. Es kann aber auch als Hauptgericht mit entsprechender Beilage serviert werden.

Basler Sauerkraut

Eines ist klar: Das Sauerkraut ist keine Schweizer Erfindung. Ob es ursprünglich in Niedersachsen oder Böhmen heimisch war, ist unklar. In die Schweiz kam es auf dem Umweg über Paris, wo es als „Kriegsbeute-Rezept“ landete. Dort lernten Schweizer Söldner das Sauerkraut am Königshof kennen und brachten das Wissen um Herstellung und Zubereitung mit in ihre Heimat.

1 Zwiebel, 1 kg Sauerkraut, 50 g Butter,
1 große Kartoffel, 5 Wacholderbeeren,
1/2 TL Kümmel, Salz, frisch gemahlener Pfeffer,
1/4 l Edelzwicker oder Riesling aus dem Elsass,
Fleischbrühe nach Bedarf, 4 cl Kirschwasser

Die Zwiebel schälen und fein hacken. Das Sauerkraut abspülen, abtropfen lassen und klein zupfen. In einer Kasserolle mit Deckel die Butter schmelzen und die Zwiebel darin glasig dünsten. Das Kraut zugeben und einige Minuten unter Wenden mitdünsten.
Inzwischen die Kartoffel schälen, sehr fein raffeln und samt Wacholder und Kümmel unter das Kraut mengen, salzen und pfeffern. So viel Wein zugießen, dass alle Zutaten gerade bedeckt sind. Zum Kochen bringen und bei aufgelegtem Deckel 3 Stunden köcheln lassen. Falls zu viel Flüssigkeit verdampft, mit Brühe aufgießen. Kurz vor Ende der Garzeit das Kirschwasser einrühren und den Eintopf ohne Deckel weiterköcheln lassen. Flüssigkeit reduzieren, bis das Sauerkraut gut feucht ist, aber nicht mehr im Sud schwimmt!

Spargeln mit Alpkäse

Die besten Schweizer Spargeln kommen aus dem Wallis und sind weiß, dick und aromatisch. Man kocht sie in leichtem Salzwasser, bis sie noch ein wenig Biss haben. Dann isst man sie mit der Hand, begleitet von brauner Butter, Mayonnaise oder Sauce Hollandaise, seltener mit einer Vinaigrette. Leider sind viele Spargelgemüse-Rezepte wie das folgende in Vergessenheit geraten. Ursprünglich wurde der Spargel dafür auf ganz archaische Weise zubereitet: Man ließ eine Bratschaufel im Feuer glühend heiß werden und führte sie langsam über den Käse. So wurde er leicht gebräunt und erhielt eine herrliche Kruste. Heute verwendet man dafür einen „Salamander“ oder einen Grill.

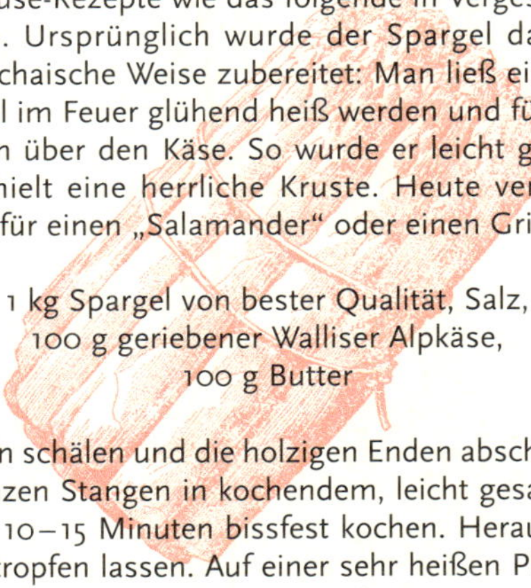

1 kg Spargel von bester Qualität, Salz,
100 g geriebener Walliser Alpkäse,
100 g Butter

Spargeln schälen und die holzigen Enden abschneiden. Die ganzen Stangen in kochendem, leicht gesalzenem Wasser 10–15 Minuten bissfest kochen. Herausheben und abtropfen lassen. Auf einer sehr heißen Platte anrichten und mit geriebenem Käse bestreuen.
Die Butter in einem Pfännchen bräunen und die Stangen damit beträufeln. Den Spargel sofort unter den „Salamander“ oder vorgeheizten Grill stellen und den Käse leicht bräunen lassen.

Fisch – aus Schweizer Seen und Flüssen

Die Rezepte für Süßwasserfische sind in der Schweiz nicht viel anders als anderswo. Allerdings ist der Qualitätsstandard von Fischgerichten in den Restaurants des Landes sehr hoch. Die Gerichte, die sie anbieten, heben sich dadurch von der Masse ab, dass dafür nur frischeste Fische verwendet werden. Wo es noch Berufsfischer gibt, werden die Restaurants sofort nach dem Fang beliefert, und die wenigen Fischgeschäfte vermitteln ihren Kunden stets frisch gefangene Süßwasserfische aus den nächstgelegenen Gewässern.

Forellen in Rotwein

Forellen sind so delikate Fische, dass man sie eigentlich nur blau gekocht essen sollte – so entwickeln sie ihr volles Aroma, das die warme, klare Butter nur noch verstärkt. Dennoch gibt es ein köstliches Schweizer Rezept für Forellen in Rotwein, für das am besten Zucht- oder noch besser Regenbogenforellen geeignet sind. Bachforellen wären dafür einfach zu schade.

2 Zwiebeln, 1 Knoblauchzehe,
1/2 Bund Petersilie, 2 Lorbeerblätter,
4 Nelken, frisch geriebene Muskatnuss,
10 Pfefferkörner, 10 Korianderkörner,
1 l Rotwein (z.B. Côtes-du-Rhône),
4 große küchenfertige Forellen, Salz,
frisch gemahlener Pfeffer, 1 TL Mehl,
50 g Butter, 100 ml Sahne

Zwiebeln schälen und grob hacken. Knoblauch schälen und in Scheiben schneiden. Petersilie waschen, trockentupfen, Blättchen abzupfen und hacken. Mit Zwiebeln, Knoblauch und Gewürzen in einen großen Topf geben, mit dem Rotwein auffüllen und zum Kochen bringen. Auf die Hälfte einkochen lassen. Die Fische säubern, innen und außen leicht salzen und pfeffern. Mit einem Faden zubinden, in die Sauce einlegen und 8–10 Minuten pochieren. Herausnehmen, auf eine heiße Platte legen und in Alufolie einwickeln.
Das Mehl mit der Butter verkneten und in die Sauce einrühren, nochmals ein paar Minuten durchkochen

lassen. Die Sahne unterrühren und abschmecken. Die Sauce durch ein feines Sieb passieren und die Fische damit übergießen. Mit Salzkartoffeln servieren.

Eglifilets

Zu den liebsten Fischen der Schweizer gehören die Egli – eine Barschart, die vorwiegend als Filet genossen wird. Ihre Zubereitung ist geradezu ein Kinderspiel.

600 g Eglifilets, Salz, frisch gemahlener Pfeffer,
Saft von 1 Zitrone,
Mehl zum Wenden, 100 g Butter

Die Fischfilets säubern, salzen, pfeffern und mit Zitronensaft beträufeln. Einige Minuten ziehen lassen. Filets in Mehl wenden und überschüssiges Mehl abklopfen. Portionsweise in je 1 Esslöffel Butter bei mittlerer Hitze von beiden Seiten kurz braten, dabei sollte die Butter keinesfalls braun werden! Die Filets auf eine heiße Platte legen, das Bratfett weggießen. Die restliche Butter in der Pfanne schmelzen und die Filets damit beträufeln. Mit Salzkartoffeln und Zitronenvierteln servieren.

Friture

In der Schweiz darf man einige Fischarten schon fangen, wenn sie noch klein sind. Aus ihnen macht man Friture – worunter man eher ein Gesellschaftsspiel als eine Mahlzeit versteht, weil man beim Essen viel zu tun hat. Die Fischlein werden weder ausgenommen noch sonst wie geputzt, sondern als Ganzes verzehrt. Doch bei manchen sind die Flossen zu hart, um sie zu essen, weshalb Feinschmecker sie entfernen – und das braucht etwas Zeit und Fingerfertigkeit.

800 g kleine Süßwasserfische (z.B. Egli),
5 EL Mehl, 1/2 TL Salz,
frisch gemahlener Pfeffer,
Öl zum Frittieren,
Zitronenschnitze für die Garnitur

Die Fische waschen und trockentupfen. Mit Mehl, Salz und etwas Pfeffer in eine Schüssel geben und sie so lange darin schütteln, bis sie rundherum bemehlt sind. Die Fische in ein Sieb füllen und das überschüssige Mehl abschütteln.
Das Öl in einem Friture-Geräts oder einer Fritteuse auf 180 °C erhitzen. Jeweils eine Hand voll Fische hineingeben und in 2–3 Minuten goldgelb backen. Sofort in einer vorgewärmten Schüssel mit den Zitronenschnitzen servieren. Jeder nimmt sich seine Fische direkt aus der Schüssel – so werden sie erst gar nicht kalt!

Salm auf Basler Art

Das Gericht heißt auf Franzöisch „Saumon à la Bâloise“ und ist das Einzige, mit dem sich Basel, die zweitgrößte Stadt der Schweiz, in der großen Gastronomie verewigt hat. Es stammt aus der Zeit, als der Rhein noch ein ungestümer Strom mit vielen Nebenarmen und Altwassern war, in dem die Fische gut laichen konnten.

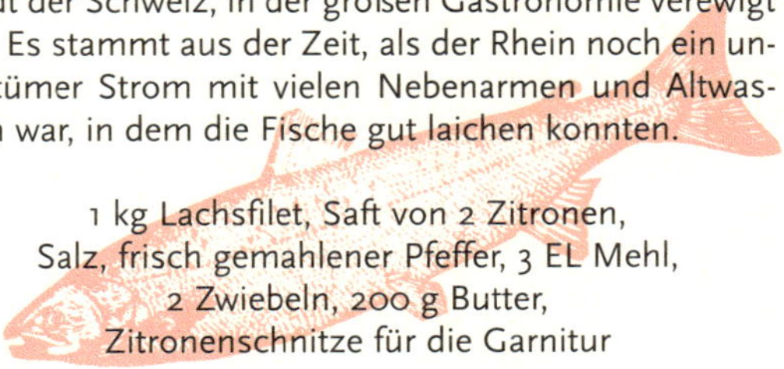

1 kg Lachsfilet, Saft von 2 Zitronen,
Salz, frisch gemahlener Pfeffer, 3 EL Mehl,
2 Zwiebeln, 200 g Butter,
Zitronenschnitze für die Garnitur

Das Lachsfilet in 2 Zentimeter dicke Scheiben schneiden. Mit Zitronensaft beträufeln, salzen, pfeffern und in 2 Esslöffeln Mehl wenden. Überschüssiges Mehl abklopfen. Die Zwiebeln schälen, in Scheiben schneiden und im restlichen Mehl wenden.
In einer Pfanne die Hälfte der Butter erhitzen und die Lachsscheiben darin von beiden Seiten hellbraun braten. Restliche Butter in einer zweiten Pfanne erhitzen und die Zwiebeln darin anbräunen. Fisch auf einer vorgewärmten Platte anrichten, mit den Zwiebeln belegen, mit der Zwiebelbutter übergießen und mit der Zitrone garnieren. Salzkartoffeln dazu reichen.

Wer möchte, kann der Zwiebelbutter noch grob gehackte Petersilie hinzufügen.

Fleisch – wie es den Schweizern schmeckt

Für den ehrbaren Schweizer sind Rinder eigentlich viel zu wertvoll, als dass man sie zum Kochen missbrauchen würde. Aus der Milch macht man Käse, Schokolade, ein alkoholfreies Getränk namens Rivella, Schlagsahne für die Meringues (Merinken) und Gelati für die Tessiner (samt Touristen). Aber auch Milchkaffee oder Schale für die Deutschschweizer, Krem für den Café der Welschschweizer wären ohne sie nicht möglich.

Deshalb sind Fleischrinder in der Schweiz rar, und Schweizer Fleischrezepte arbeiten meist mit Fleischsorten, die man auch dem gewöhnlichen Rindvieh und nicht nur hochgezüchteten Fleischrindern entnehmen kann. Mit Kälbern und Schweinen verhält es sich anders: Sie werden in bester Qualität im Land gezüchtet. Die Stärke der schweizerischen Fleischrezepte liegt vor allem im Drumherum, also in der raffinierten Kombination von Zutaten und Garmethoden.

Sauerbraten

Das berühmteste Schweizer Fleischgericht ist der Sauerbraten, im Dialekt: „Suure Mogge“.

1 Zwiebel, 1 Stange Lauch,
1/2 Sellerieknolle, 2 Möhren, 1 Knoblauchzehe,
1 l trockener Rotwein, 2 Lorbeerblätter,
10 Wacholderbeeren, 10 weiße Pfefferkörner,
10 Korianderkörner, 1 Zweig Thymian,
750 g Rindfleisch, 2 EL Mehl,
100 g Butter, Salz, frisch gemahlener Pfeffer,
2 Scheiben Schwarzbrot

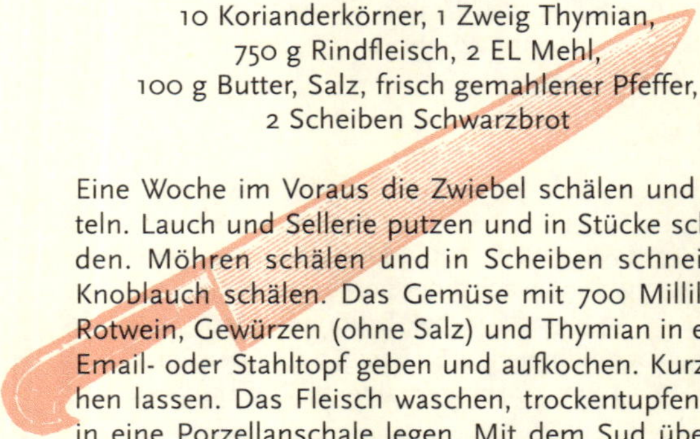

Eine Woche im Voraus die Zwiebel schälen und vierteln. Lauch und Sellerie putzen und in Stücke schneiden. Möhren schälen und in Scheiben schneiden. Knoblauch schälen. Das Gemüse mit 700 Millilitern Rotwein, Gewürzen (ohne Salz) und Thymian in einen Email- oder Stahltopf geben und aufkochen. Kurz ziehen lassen. Das Fleisch waschen, trockentupfen und in eine Porzellanschale legen. Mit dem Sud übergießen, sodass es komplett davon bedeckt ist. Das Fleisch 1 Woche zugedeckt darin marinieren.
Danach das Fleisch herausheben, mit Küchenpapier trockentupfen und mit 1 Esslöffel Mehl bestäuben. 80 Gramm Butter in einem großen Schmortopf erhitzen und das Fleisch darin rundherum anbraten. Den restlichen Rotwein zugießen, salzen, pfeffern und 2 Stunden lang zugedeckt bei geringer Hitze schmoren, währenddessen einige Male wenden.

Inzwischen die Marinade durch ein Sieb seihen. 5 Esslöffel der Marinade abnehmen und mit dem restlichen Mehl verrühren. Den Rest der Marinade in einem separaten Topf zum Kochen bringen. Das Schwarzbrot kurz darin ziehen lassen, herausnehmen und durch ein Sieb zurück in den Topf passieren. Das angerührte Mehl unterrühren. Restliche Butter in der Marinade schmelzen und diese anschließend auf etwa ein Drittel reduzieren, salzen und leicht pfeffern. Das Fleisch herausnehmen und auf einer vorgewärmten Servierplatte anrichten. Die Sauce getrennt dazu reichen. Dazu passt Kartoffelbrei oder Polenta.

Schweizer Wurstsalat

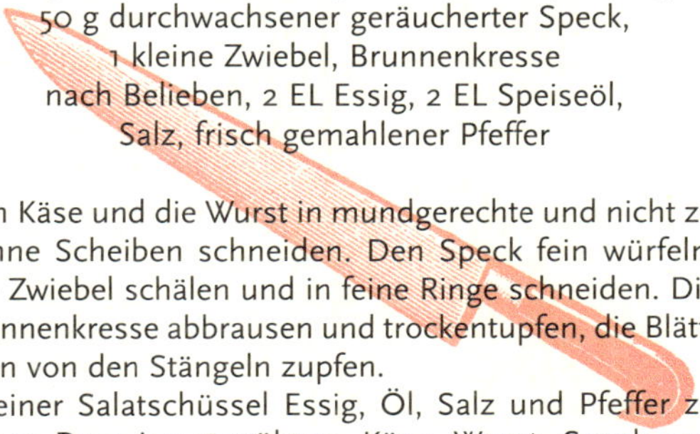

200 g Emmentaler, 200 g Fleischwurst (im Ring),
50 g durchwachsener geräucherter Speck,
1 kleine Zwiebel, Brunnenkresse
nach Belieben, 2 EL Essig, 2 EL Speiseöl,
Salz, frisch gemahlener Pfeffer

Den Käse und die Wurst in mundgerechte und nicht zu dünne Scheiben schneiden. Den Speck fein würfeln. Die Zwiebel schälen und in feine Ringe schneiden. Die Brunnenkresse abbrausen und trockentupfen, die Blättchen von den Stängeln zupfen.
In einer Salatschüssel Essig, Öl, Salz und Pfeffer zu einem Dressing verrühren. Käse, Wurst, Speck und Zwiebel zugeben, alles gut vermischen und kurz ziehen lassen. Mit der Brunnenkresse garnieren.

Berner Platte

Die Berner Platte ist ein schönes Beispiel für die typische Schweizer Küche: Man kocht mit, was man gerade zur Hand hat.

1 küchenfertige Rinderzunge, 200 g magerer Speck,
4 gepökelte Schweinerippchen, 400 g Fleischwurst,
2 gepökelte Schweinsfüße, 4 Markknochen,
400 g Suppenfleisch, Fleischbrühe nach Bedarf,
4 Bratwürste, 1 EL Butter

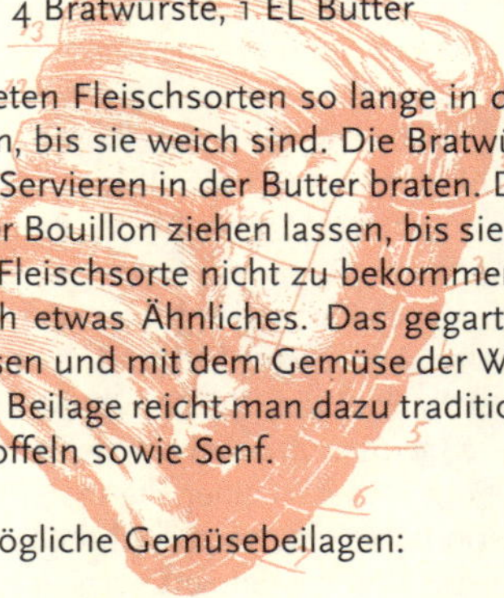

Alle vorbereiteten Fleischsorten so lange in der Brühe köcheln lassen, bis sie weich sind. Die Bratwürste erst kurz vor dem Servieren in der Butter braten. Die Markknochen in der Bouillon ziehen lassen, bis sie eben gar sind. Ist eine Fleischsorte nicht zu bekommen, ersetzt man sie durch etwas Ähnliches. Das gegarte Fleisch abtropfen lassen und mit dem Gemüse der Wahl (s.u.) anrichten. Als Beilage reicht man dazu traditionell Pell- oder Salzkartoffeln sowie Senf.

Es folgen 3 mögliche Gemüsebeilagen:

Grüne Bohnen: 1 Kilogramm grüne Bohnen putzen. Je 1 Zwiebel und Knoblauchzehe schälen und fein hacken bzw. zerdrücken. Etwas Butter in einem Topf erhitzen und die vorbereiteten Zutaten darin 10 Minuten andünsten. 1 Liter Fleischbrühe, 1 Lorbeerblatt, Salz und frisch gemahlenen Pfeffer zugeben und die Bohnen darin bissfest garen.

Getrocknete Bohnen: 400 Gramm Bohnenkerne über Nacht in handwarmem Wasser einweichen und anschließend wie die Grünen Bohnen zubereiten.

Sauerkraut: Nach dem Rezept auf S. 58 kochen, dabei nur das Kirschwasser weglassen.

Zürcher Geschnetzeltes

600 g Kalbsfilet, 200 g Kalbsniere,
200 g Champignons, 1 Zwiebel,
50 g Butter, 200 ml trockener Weißwein,
Fleischbrühe nach Belieben,
1 Bund gehackte Petersilie, 150 g Sahne
Salz, frisch gemahlener Pfeffer

Kalbfleisch waschen, trockentupfen und in feine Streifen schneiden. Niere vom Fett und der dünnen Außenhaut befreien und wie die geputzen Pilze in dünne Scheiben schneiden. Zwiebel schälen und fein hacken. Die Hälfte der Butter in einer Pfanne erhitzen und das Fleisch darin anbraten, herausnehmen und warm halten. Niere im verbliebenen Fett kurz anbraten und zum Fleisch geben. Pilze ebenfalls kurz darin andünsten und dazugeben. Restliche Butter in der Pfanne erhitzen und die Zwiebel darin anbraten. Mit dem Wein ablöschen und diesen auf die Hälfte reduzieren. Fleisch, Niere, Pilze und Petersilie zugeben. Zum Kochen bringen und die Sahne einrühren. Mit Brühe, Salz und Pfeffer würzen. Mit Rösti oder frischem Weißbrot servieren.

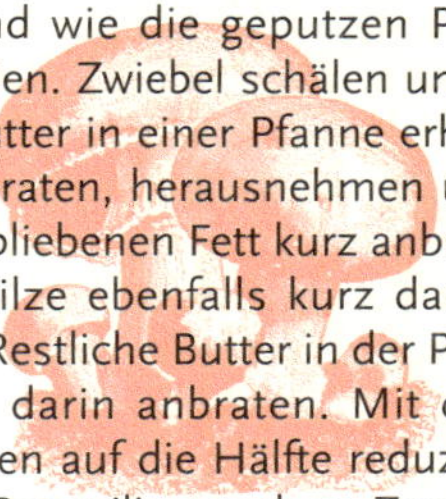

Süßes – Typisches aus Schweizer Küchen

Die Schweizer lieben Süßes – egal ob in Form von Kuchen, Keksen oder traditionellen Desserts! Die Rezepte sind alt und wurden von Generation zu Generation weitergegeben, eine Tradition, die auch heute noch Bestand hat.
Auch für die Rezepte der süßen Abteilung gilt, was bereits für alle anderen Zubereitungen gesagt wurde: Man greift auch hier auf die Produkte zurück, die Garten, Märkte und lokale Geschäfte anbieten. Dazu gehören die Möhren für die Rüeblitorte (Kanton Aargau) ebenso wie die Nüsse für die Engadiner Nusstorte oder die Maroni aus dem Bergelltal fürs Kastanienpüree.

Rüeblitorte

Für eine Springform von 28 cm Durchmesser
5 Eier, 300 g Zucker, abgeriebene Schale von
1/2 unbehandelten Zitrone, 250 g Möhren,
5 EL Mehl, 1 EL Backpulver,
300 g gemahlene Mandeln
Außerdem: Butter und Mehl für die Form,
Puderzucker zum Bestäuben,
Marzipanrüebli zum Garnieren

Den Backofen auf 220 °C vorheizen. Die Eier trennen. In einer Schüssel die Eigelbe mit Zucker und Zitronenschale etwa 10 Minuten gut schaumig rühren. Die Möhren putzen und auf der Küchenreibe fein reiben. Das Mehl mit dem Backpulver vermischen und zusammen mit den Mandeln und den Möhren unter die Ei-Zucker-Masse rühren. Die Eiweiße steif schlagen und vorsichtig unterheben.
Eine Springform einfetten und mit Mehl bestäuben. Den Teig einfüllen und glatt streichen. Den Kuchen in den Backofen schieben und ca. 50 Minuten backen (Stäbchenprobe machen!). Herausnehmen, abkühlen lassen und dick mit Puderzucker bestäuben. Nach Belieben mit Marzipanrüebli garnieren.

Die Torte schmeckt am besten, nachdem man sie 2–3 Tage in Alufolie gewickelt an einem kühlen Ort hat durchziehen lassen. In diesem Fall erst kurz vor dem Verzehr garnieren.

Engadiner Nusstorte

Für eine Springform von 28 cm Durchmesser
Für den Mürbeteig: 200 g kalte Butter,
350 g Mehl (Type 550), 150 g Zucker,
1 Prise Salz, 1 Ei
Für die Füllung: 350 g Walnusskerne,
350 g Zucker, 100 ml Sahne
Außerdem: Butter für die Form

Für den Teig die Butter in kleine Stücke schneiden. Mit den übrigen Zutaten in eine Schüssel geben und mit den Knethaken des Handrührgeräts verkneten, bis sich der Teig von der Schüssel löst. Zur Kugel formen, in Klarsichtfolie wickeln und 30 Minuten kühl stellen.
Inzwischen für die Füllung die Nüsse grob hacken. Den Zucker in einer Pfanne unter Rühren leicht karamellisieren lassen. Die Nüsse untermischen, die Sahne zugießen, unterrühren und abkühlen lassen.
Den Backofen auf 210 °C vorheizen. Den Teig im Verhältnis zwei Drittel zu ein Drittel teilen. Eine Springform einfetten. Das größere Teigstück auf die passende Größe ausrollen und die Form damit auskleiden. Den Boden mit der Nussfüllung bedecken. Für den Deckel einen passenden Kreis ausrollen, auflegen und den Rand rundherum gut andrücken. Im Backofen in 45–50 Minuten goldbraun backen.
Herausnehmen, den Teigrand mit einem Messer von der Form lösen und den Rand der Springform während des Auskühlens abnehmen.

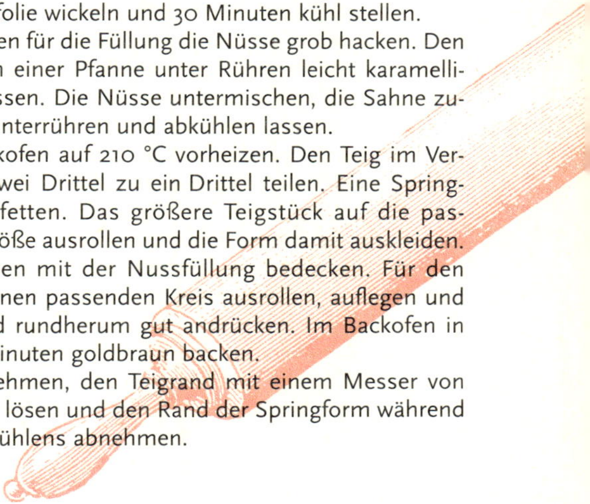

Basler Brunsli

Eine ganze Reihe von Schweizern haben die Tafelschokolade erfunden und weltweit bekannt gemacht. Ihre Namen stehen noch heute auf den Packungen. Wenn man aber unter den Rezepten nach Schokoladenspeisen sucht, die es nur in der Schweiz gibt, wird man enttäuscht, es gibt keine. Natürlich haben Schweizer Konditoreien ihre eigenen Rezepte, aber die gehören nicht zur Küche der Hausfrauen. Nur eben ein Rezept mit Schokolade hat es zur Volkstümlichkeit gebracht: Die Basler Brunsli. Das ist ein typisches, recht einfach zuzubereitendes Weihnachtsgebäck – wenn man sich genau an das Rezept hält!

200 g dunkle Schweizer Schokolade,
2 Eiweiß, 500 g gemahlene Mandeln,
400 g Zucker, 2 EL ungesüßtes Kakaopulver,
1/2 TL gemahlener Zimt,
1 Prise geriebene Muskatblüte, 3 EL Kirschwasser
Außerdem: grobkörniger Zucker,
Fett für das Backblech

Die Schokolade auf der Küchenreibe ganz fein reiben. Eiweiße zu steifem Schnee schlagen. In einer Schüssel die Schokolade mit Mandeln, Zucker, Kakao, Zimt Muskatblüte und dem Kirschwasser vermischen und gründlich verkneten. Den Eischnee unterarbeiten.
Ein Backbrett mit grobkörnigem Zucker bestreuen und den Teig darauf 1 Zentimeter dick ausrollen. Mit Ausstechformen einfache Figuren ausstechen und auf ein

gut gefettetes Backblech mit fingerbreiten Zwischenräumen verteilen. Mindestens 2 Stunden bei Zimmertemperatur trocknen lassen. Den Backofen auf 180 °C vorheizen und die Brunsli darin ca. 5 Minuten backen, Sie sollen eine leichte Kruste, aber noch keine Farbe haben. Herausnehmen und nach 2–3 Minuten vorsichtig vom Blech lösen, abkühlen lassen und sofort in Blechdosen füllen.

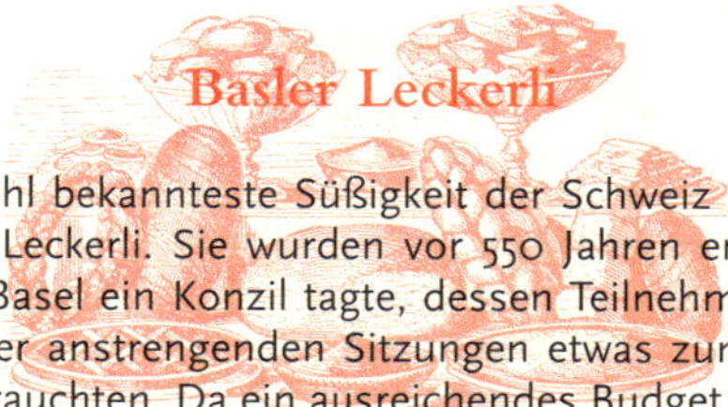

Basler Leckerli

Die wohl bekannteste Süßigkeit der Schweiz sind die Basler Leckerli. Sie wurden vor 550 Jahren erfunden, als in Basel ein Konzil tagte, dessen Teilnehmer während der anstrengenden Sitzungen etwas zum Knabbern brauchten. Da ein ausreichendes Budget zur Verfügung stand – die hohen Herren reisten auf Spesen – erfanden die Basler Lebkuchenbäcker ein Gebäck, das alles Teure der damaligen Zeit enthielt: vom Honig bis zum Zucker, mitsamt Gewürzen und kandierten Früchten und Mandeln. Diese „Leckerli" wurden ein ungeheurer Erfolg – und werden seither in Basel in großen Mengen hergestellt.
Gewiss, man kann auch zu Hause etwas backen, das eine gewisse Ähnlichkeit mit den echten Leckerli aufweist. Aber richtige Leckerli werden diese Backwaren nie. Ich liefere deshalb auch kein Rezept dieser Köstlichkeit. Beziehen Sie sie lieber bei einem Basler Spezialisten, am besten beim berühmten „Läckerlihuus" an der Gerbergasse.

Tirggel

800 g Honig, je 30 g Ingwerpulver und Zimtpulver,
5 g Nelkenpulver, 5 g frisch geriebene Muskatnuss,
1 Msp. Piment, 2 EL Rosenwasser, knapp 800 g Mehl
Außerdem: Öl und Mehl für Model und Blech

Den Honig mit Gewürzen und Rosenwasser in einer Schüssel über einem heißen Wasserbad erhitzen. So viel Mehl einarbeiten, dass sich der Teig von der Schüssel löst. Den Backofen auf ca. 280 °C vorheizen. Den Teig 2 Millimeter dick ausrollen. Kleinere Holzmodeln mit Öl ausstreichen und den Teig hineindrücken. Vorsichtig herauslösen und die Teigstücke auf das leicht gefettete und bemehlte Blech legen. Auf der obersten Schiene 2 Minuten backen, die Reliefs sollen danach braun, die Unterseite aber noch hell sein.

Kastanienpüree

1 kg Esskastanien (Maronen),
200 ml Milch, 1 Prise Salz, 50 g Butter,
80 g Zucker, 2 cl Rum, 1/4 l Sahne

Die Schale der Kastanien mit einem scharfen Messer kreuzweise einschneiden. Reichlich Wasser in einem Topf erhitzen und Kastanien darin portionsweise blanchieren, mit kaltem Wasser abschrecken und schälen. In einen zweiten Topf geben, knapp mit Milch bedecken und salzen. Bei geringer Hitze in ca. 45 Minuten weich dünsten. Die Masse durch ein Haarsieb in einen anderen Topf streichen. Noch warm mit Butter, Zucker und Rum vermischen. Durch eine Kartoffelpresse bergförmig in eine Schüssel drücken. Die Sahne steif schlagen und zum Püree servieren.

Meringues

Die köstlichen Meringues mit Schlagrahm gehören zur Schweizer Küche wie die Weißwürste zu München.

4 Eiweiß, 200 g Zucker, Schlagsahne nach Belieben
Außerdem: Mehl für das Blech

Eiweiße in einer Schüssel schlagen. Sobald sie beginnen, fester zu werden, nach und nach unter Schlagen den Zucker zugeben. Die letzten 50 Gramm Zucker erst untermischen, wenn der Eischnee ganz fest geworden ist. Den Backofen auf 120 °C vorheizen.
Ein Backblech mit Mehl bestäuben. Den Eischaum in einen Spritzbeutel füllen und mit Abstand in Form von Schälchen auf das Blech aufspritzen. Im Backofen in etwa 3 Stunden trocknen lassen, ohne dass sie Farbe annehmen, dabei die Ofentür einen Spaltbreit geöffnet lassen. Vor dem Servieren eine Meringue mit viel Schlagsahne füllen und eine zweite darauf setzen.

Für eine „Meringue glacée" zuerst eine Kugel Eis und dann Sahne in eine Meringue füllen und mit einer zweiten bedecken.

Verzeichnis der Rezepte

Käse – ein Mädchen für alles

Suppen – von den Schweizern heiß geliebt

Polenta und Reis – zwei Zugereiste

Teigwaren – ehedem eine Seltenheit

Kartoffeln – einmal ganz anders

Gemüse – köstliche Beilagen

Fisch – aus Schweizer Seen und Flüssen

Fleisch – wie es den Schweizern schmeckt

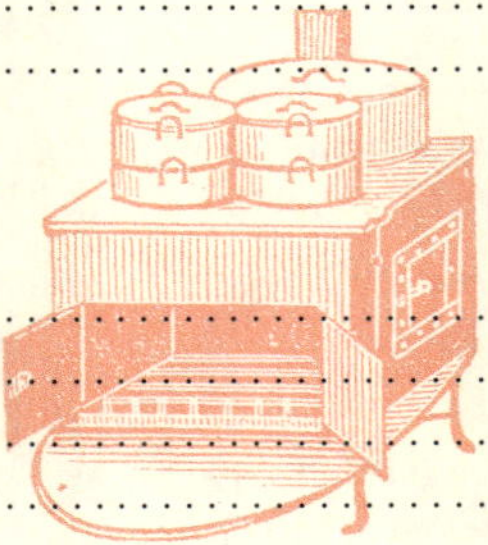

Süßes – Typisches aus Schweizer Küchen